海外桥隧项目
检测监测实施技术
应用手册

（运营期）

于静涛　庞　明　赵明喆　主编

重庆大学出版社

内容提要

本书以中国桥梁隧道运营期检测监测规范要求为基准,全书共5章,主要内容包括总则、符号、隧道检测技术、桥梁检测技术、引用规范汇总。本书从现场实施应用出发,围绕检测项目、技术手段、检测频率、判定标准等方面总结各部分内容要点,结合海外桥隧项目常用的各类海外实施标准规范中的相关要求,对比国内和海外规范中内容的差异,分析差异原因。

本书可为从事海外桥隧项目的规划、设计、施工等工作的专业技术人员提供指导和参考。

图书在版编目(CIP)数据

海外桥隧项目检测监测实施技术应用手册. 运营期/
于静涛,庞明,赵明喆主编. -- 重庆:重庆大学出版社,
2024.12
ISBN 978-7-5689-4127-3

Ⅰ.①海… Ⅱ.①于… ②庞… ③赵… Ⅲ.①桥梁施工—施工监测—技术手册②隧道施工—施工监测—技术手册 Ⅳ.①U44-62②U45-62

中国国家版本馆 CIP 数据核字(2023)第 255667 号

海外桥隧项目检测监测实施技术应用手册(运营期)

于静涛 庞 明 赵明喆 主编
责任编辑:夏 雪 版式设计:夏 雪
责任校对:邹 忌 责任印制:赵 晟

*

重庆大学出版社出版发行
出版人:陈晓阳
社址:重庆市沙坪坝区大学城西路 21 号
邮编:401331
电话:(023) 88617190 88617185(中小学)
传真:(023) 88617186 88617166
网址:http://www.cqup.com.cn
邮箱:fxk@cqup.com.cn(营销中心)
全国新华书店经销
重庆新生代彩印技术有限公司印刷

*

开本:787mm×1092mm 1/16 印张:8 字数:181 千
2024 年 12 月第 1 版 2024 年 12 月第 1 次印刷
ISBN 978-7-5689-4127-3 定价:45.00 元

编委会

主　　编：

　　于静涛　庞　明　赵明喆

参编人员：

　　王学博　刘　洋　张　贺　李亚修　王海丰　李　博
　　杨　俊　洪成晶　李艺林　胡俊泉　曹均旺　彭登志
　　杨　猛　边　鑫　郑甲佳　代志超　关勇哲　陈　祥
　　冼晓杰　李　帅　王俊飞　王帅飞　何　森　任赵波
　　赵锦利　屈　城　郝　鹏　李世云　王明生　张　驰
　　孙　瑜　马　强

参与单位：

　　中国路桥工程有限责任公司
　　北京中交桥宇科技有限公司
　　北京科技大学

前　言

2013 年 9—10 月,习近平主席相继提出建设"丝绸之路经济带"和"21 世纪海上丝绸之路"的合作倡议,在国际社会引起热烈反响和广泛响应。"一带一路"倡议的提出,催生了一批工程建设项目,这些项目的推进也成为促进"一带一路"建设的巨大推动力。

海外工程是一种综合性的国际经济合作方式,是国际技术贸易的一种方式,也是国际劳务合作的一种方式。海外工程的参与主体来自不同国家和地区,货币和支付方式具有多样性,规范标准庞杂,国际政治、经济影响因素的权重大。参与海外工程竞争的企业专业化程度高,多以签订 EPC、BOT 等总承包合同的模式开展业务,业务范围基本涵盖了建筑与工程行业从设计咨询、工程勘测、设备采购、土建施工到售后服务的全部业务,行业竞争激烈。

进入 21 世纪以来,我国建筑与工程企业在海外市场发展迅速,在 2005—2022 年期间,合同完工额从 194.58 亿美元增长到 1549.90 亿美元。2020 年新签合同额 2530.7 亿美元,较 2015 年增长 20.5%,我国在海外的工程承包市场份额在逐步扩大,并且在地区分布上基本形成了以亚太地区为主,发展非洲市场、恢复中东市场、开拓欧美等其他地区市场的多元化市场格局。随着海外桥隧项目的不断发展,为了提高项目建设及运营期的质量和安全管控水平,改善产品的使用状态,需要在海外项目中引入检测监测技术。目前,对于采用中国标准建设的海外项目,大多引入国内先进的检测监测技术,为保证项目的质量和安全管理提供了重要的技术支持,但同时也带来了诸多问题。

本手册整理分析了国内外桥隧工程检测监测技术经验及现行标准,并对国内外规范标准进行了对照解析和分类汇总,旨在加强桥隧建设及运营期内检测监测现有技术和标准在海外的适用性,推进国内桥隧检测监测技术在海外的应用,提高海外桥隧建设项目的安全和质量管控水平,增强国际交流,提升中国标准的国际化水平,让中国标准"走出去",获得其他国家和地区的认可。

本手册由于静涛(中国路桥工程有限责任公司)、庞明(中国路桥工程有限责任公司)、赵明喆(北京中交桥宇科技有限公司)主编。于静涛、庞明以孟加拉国卡纳普里河底隧道项目为依托,广泛搜集海外规范并进行翻译归纳;赵明喆结合自身国内桥隧运营期检测监测工作经验,总结提炼技术要点和相关要求,并与海外规范进行对比和分析。

本手册编写历时两年半,最终在2023年如期完稿。在此,要感谢公司领导对本手册编制工作的大力支持,感谢北京科技大学刘洋教授团队提供的标准库和基础理论援助,感谢科研团队所有成员两年半的辛勤付出。

限于编者水平,书本难免存在错误和不足之处,恳请读者批证指正。

编 者

目 录

1

总　则

1.0.1 为了提高采用中国标准建设的海外桥隧项目检测监测各项要求对当地参建单位的接受度,保证检测监测项目顺利开展,特编制本手册。本手册可作为海外桥隧检测监测项目技术人员的项目生产应用指南。

1.0.2 本手册涉及内容包括中国标准规范中桥隧检测监测项目相关要求和技术手段,对比分析了海外标准中相应的内容,作出了相应的总结。

1.0.3 桥隧检测监测项目以保障结构物安全为服务宗旨,规范规定为基本要求,与当地的建设标准、地质、气候等有直接的关系,本手册仅针对基本要求和常用技术做对比分析。

1.0.4 手册技术和规范内容均依据行业内目前通用要求,针对技术革新以及相应规范更新所导致的内容变化,需结合更新后的内容使用。

1.0.5 海外规范编制体系与国内规范差异较大,检测监测未单独成册,规范分布较为分散,各规范对其描述内容不尽相同。本手册以行业内规范为主要基础资料,内容以技术归纳和分析为主,通过相应的归纳、总结、分析,旨在帮助提高使用人员的理解能力和拓展理解深度,不作为评价各类规范使用。

2

符　号

n——同批混凝土试件组数；

$m_{f_{cu}}$——同批 n 组试件强度的平均值（MPa），精确到 0.1 MPa；

S_n——同批 n 组试件强度的标准差（MPa），精确到 0.01 MPa，当 $S_n < 2.5$ MPa 时，取 $S_n = 2.5$ MPa；

$f_{cu,k}$——混凝土设计强度等级（MPa）；

$f_{cu,min}$——n 组试件中强度最低一组的值（MPa），精确到 0.1 MPa；

λ_1、λ_2——合格判定系数；

h_{ij}——第 i 个试件第 j 个测点处的渗水高度（mm）；

$\bar{h}_{ij}$——第 i 个试件的平均渗水高度（mm），应以 10 个测点渗水高度的平均值作为该试件渗水高度的测定值；

$\bar{h}$——一组 6 个试件的平均渗水高度（mm），应以一组 6 个试件渗水高度的算术平均值作为该组试件的渗水高度的测定值；

P——混凝土抗渗等级；

H——6 个试件中有 3 个试件渗水时的水压力（MPa）。

3

隧道检测技术

3.1　隧道检测整体要求

运营期公路隧道具有断面大、配套设施多、受力复杂多变、运营安全要求高、社会影响大等特点。对运营期隧道进行各项检测,可以提早发现隧道主体结构及其附属构造物的病害状况,搜集隧道当前技术状态的动态数据,依据规范对隧道进行评定。基于评定结果可对隧道养护效果进行评价,制订专项的隧道运营养护方案计划,对重点病害进行专项整治,以此确保隧道运营期安全,保证隧道服役质量。因此,隧道检测工作必须严格按照规范要求的频率、内容、技术方法进行实施,检测标准体系应以符合建设标准体系为主,检测成果需满足隧道运营期管养的基本需求。

3.1.1　隧道检测概述

隧道运营期检测工作即在公路隧道运营过程中,根据规范和管养计划,对隧道的土建主要结构物(如洞口、洞门、衬砌、路面、排水等)和隧道运营环境(如通风、照明等)进行日常巡查、经常检查、定期检查、专项检查和应急检查。采用一定的技术手段,查明隧道当前土建结构和运营环境存在的问题,并基于规范对隧道技术状况进行评定,分析病害产生的原因,提出预防病害产生、遏制病害发展和进行病害处治的管养建议。

3.1.2　隧道检测分类规定

《公路隧道养护技术规范》(JTG H12—2015)4.4.1条规定,土建结构检查应包括经常检查、定期检查、应急检查和专项检查。

【引】根据美国标准[①]的规定,对公路结构(如隧道)进行检查,除了一般的、每天的、每周的或每月由隧道运营和维护人员进行的徒步检查,还有几种类型的定期检查。与其

---

①美国,《隧道操作、维护、检查和评估(TOMIE)手册》(*Tunnel Operations, Maintenance, Inspection, and Evaluation (TOMIE) Manual*)。

他检查程序类似,《美国国家隧道检验标准》(*National Tunnel Inspection Standards*,NTIS)对隧道的检查包括初步检查、常规检查、损坏检查、深度检查和特殊检查。

根据法国标准①的规定,结构整体的检测是对结构的各个项目进行检查和检测,这些检查和检测揭示了整体结构的状态演变。这些变化有些是连续性的,有些是周期性的,有些只在结构生命周期内发生一次,属于工程生命中的特定事件。

定期检查包括年度检查、评价访问、定期详细检查以及工程分项检查。

具体检查包括初步详细检查(Inspection détaillée initiale,IDI)、工程合同结束时具体检查,以及有关不可预见事件的检查。根据英国标准②的规定,定期检查分为5类:a.表面检查;b.一般检查;c.主要检查;d.特殊检查;e.安全检查。

【注】由于各国规范均是在国际通用规范的基础上考虑具体工程经验制定的,尽管检测类别虽有差异,但其分类方法与思路基本一致。例如我国隧道养护规范中所述的经常检查、定期检查、应急检查和专项检查,可大致对应美国规范中的初始检查、定期检查、损坏检查以及深度检查,而法国规范中虽将隧道养护检查分为初步详细检查(IDI)和定期详细检查(IDP),但其检查内容仍与我国大致相同。

1)日常巡查和清洁

《公路隧道养护技术规范》(JTG H12—2015)4.2节规定,日常巡查应对隧道洞口、衬砌、路面是否处在正常工作状态、是否妨碍交通安全等进行检查,包括以下内容:

①隧道洞口边坡是否存在边坡开裂滑动、落石等现象。

②隧道洞门结构是否存在大范围开裂、砌体断裂、脱落等现象。

③隧道衬砌是否存在大范围开裂、明显变形、衬砌掉块等现象。

④是否存在地下水大规模涌流、喷射,路面出现喷涌泥沙或大面积严重积水等威胁交通安全的现象。

⑤隧道路面是否存在散落物、严重隆起、错台、断裂等现象。

⑥隧道洞顶预埋件和悬吊件是否存在断裂、变形或脱落等现象。

根据《公路隧道养护技术规范》(JTG H12—2015)4.3节的规定,按照隧道养护等级划分,各等级公路隧道的清洁项目如下:

①高速公路、一级公路隧道:清洁项目包括路面、内装饰、检修道、横通道、标志、标线、轮廓标、排水设施、顶板、斜井、侧墙、洞门等。

②二级及二级以下公路隧道:清洁项目包括路面、内装饰、侧墙、洞门、检修道、横通道、标志、标线、轮廓标、排水设施、顶板、斜井等。

【引】根据英国标准②的规定,隧道结构的清洁工作应符合《隧道运维手册》(*Tunnel Operation and Maintenance Manual*,OMM)以及《隧道维护合同》中描述的其他要求。

---

①法国,《公路隧道土木工程检验指南》(*Guide d'inspection en génie civil des tunnels routiers*);
②英国,《公路隧道检验与记录》(*Inspection and Records for Road Tunnels*)。

应对隧道结构的外露表面(包括内包层)进行清洁,以保持隧道壁的光反射水平。这是因为保持所需的反射率可以提高结构安全性,并减少照明系统的能源消耗。可以通过清除潜在的腐蚀、有毒和易燃的沉积物降低结构恶化和火灾发生的风险。在清除灰尘时要特别小心,并对灰尘中的全部污染物的性质进行检查。

在清除前应检查灰尘中的污染物,以便采用安全的清除方法。

应每隔一段时间清洁具有高反射率的表面,以达到任何时候都需要的亮度。(注意:高反射率的表面通常在隧道壁的底层、浅色的部分,特别是在入口处。照明需要被管理监控以达到所需的亮度水平。)

隧道的清洁频率与多种因素有关,如季节、公路坡度、公路的几何形状、交通速度和交通组成等。不同的天气状况也会影响隧道的清洁频率,例如雨天行车会引起泥水飞溅,需要提高清洁频率。清洁频率还会受到其他因素的影响,例如隧道结构发生污损,在进行结构维护前,也需要进行清洁。特定隧道结构的最佳清洁频率应通过规范试验确定。可以在隧道的不同部分进行不同的清洁频率测试,以确定最佳频率。

隧道中没有定期清洁的部分(特别是隧道顶部),沉积物的长期堆积就会有落入行车道的重大风险,或在维护工作中的工作人员也会受其影响,那么应对其进行定期清洁。(注意:灰尘的长期堆积或油污的积聚会造成火灾危险。)

对于集水箱中的淤泥和其他沉积物,以及交叉排水管中的堵塞物,应根据操作经验确定时间间隔进行清除(注意:天气状况和集水坑淤泥的清除效率等因素均会影响淤泥的积聚)。单个隧道的清洁作业应与其他隧道内的维护作业协调安排(注意:许多隧道管理者将隧道清洁作为隧道维护关闭期间的第一个主要活动,也有隧道管理者更倾向于将清洁工作安排在最后进行)。隧道清洁工作应安排在隧道关闭期间进行(注意:某些隧道的道路布局有利于在隧道关闭期间进行部分隧道清理,而不是完全关闭。在这种情况下,需要采取额外的安全预防措施,例如喷雾会对过往车辆产生影响,应尽可能地选择影响较小的清洁方法)。

【注】国内对隧道运营期的日常巡查和清洁的内容规定十分具体明确,描述了各类检查项目的健康或破坏状态,以巡查为主,对清洁的相关规定较少。国外对隧道运营期的日常巡查规定较少,仅指出了应对隧道进行日常巡查,而对隧道结构的清洁工作做出了十分具体的规定,包括清洁方法、要求、频率等。

2)经常性检查

根据《公路隧道养护技术规范》(JTG H12—2015)的规定,公路隧道经常检查内容包括:

(1)洞口

检查边(仰)坡有无危石、积水、积雪;洞口有无挂冰;边沟有无淤塞;构造物有无开裂、倾斜、沉陷等。

（2）洞门

检查结构开裂、倾斜、沉陷、错台、起层、剥落以及渗漏水（挂冰）情况。

（3）衬砌

检查结构裂缝、错台、起层、剥落、渗漏水、挂冰、冰柱情况。

（4）路面

检查落物、油污、滞水或结冰、路面拱起、坑槽、开裂、错台等情况。

（5）检修道

检查结构破损、盖板缺损、栏杆变形及损坏情况。

（6）排水设施

检查缺损、堵塞、积水、结冰情况。

（7）吊顶及各种预埋件

检查变形、缺损、漏水（挂冰）情况。

（8）内装饰

检查脏污、变形、缺损情况。

（9）标志、标线、轮廓标

检查标线等是否完好。

【引】英国标准[①]规定，表面检查与一般检查可大致与经常性检查对应。表面检查是定期的、非正式的目视检查，以发现可能导致事故发生或带来不必要的高维护成本的缺陷。一般检查是对公路隧道的所有可进入部分及其机电设备进行目视检查。

表面检查应持续进行，通常由隧道运维权力机构（Tunnel Operating Authority，TOA）在隧道例行维护和隧道关闭期间进行。TOA应向监督组织报告任何需要进行安全或特殊检查或紧急注意的安全问题，如碰撞损坏、路面沉降、渗水、结冰、钟乳石形成、渗漏、接头螺栓松动、接头失效、混凝土剥落、隧道衬砌和门墙变形或开裂、设备、信号和控制缺陷等。表面检查的记录由TOA保存。

【注】国内经常性检查项目对隧道的不同部件或结构进行了分别规定及描述。英国规范中相对应的检查类别为表面检查和一般检查，均采用目视的方法进行检查。美国、法国规范中没有与国内经常性检查对应的检查类别，在此不作比较。

3）定期检查

根据《公路隧道养护技术规范》（JTG H12—2015）的规定，定期检查内容包括：

---

① 英国，《公路隧道检验与记录》（*Inspection and Records for Road Tunnels*）。

（1）洞口

①检查山体滑坡、岩石崩塌的征兆及其发展趋势；边坡、碎落台、护坡道的缺口、冲沟、潜流涌水、沉陷、塌落等及其发展趋势。

②检查护坡、挡土墙的裂缝、断缝、倾斜、鼓肚、滑动、下沉的位置、范围及其程度，有无表面风化、泄水孔堵塞、墙后积水、地基错台、空隙等现象及其程度。

（2）洞门

①检查墙身裂缝的位置、宽度、长度、范围或程度。

②检查结构倾斜、沉陷、断裂范围、变位量、发展趋势。

③检查洞门与洞身连接处环向裂缝开展情况、外倾趋势。

④检查混凝土起层、剥落的范围和深度，钢筋有无外露、锈蚀。

⑤检查墙背填料流失范围和程度。

（3）衬砌

①检查衬砌裂缝的位置、宽度、长度、范围或程度，墙身施工缝开裂宽度、错位量。

②检查衬砌表层起层、剥落的范围和深度。

③检查衬砌渗漏水的位置、水量、浑浊、冻结情况。

（4）路面

①检查路面拱起、沉陷、错台、开裂、溜滑的范围和程度。

②检查路面积水、结冰等范围和程度。

（5）检修道

①检查检修道毁坏、盖板缺失的位置和状况。

②检查栏杆变形、锈蚀、缺损等的位置和状况。

（6）排水系统

①检查结构缺损程度，中央窨井盖、边沟盖板等完好程度，沟管开裂漏水状况。

②检查排水沟（管）、积水井等淤积堵塞、沉沙、滞水、结冰等状况。

（7）吊顶及各种预埋件

①检查吊顶板变形、缺损的位置和程度。

②检查吊杆等预埋件是否完好，有无锈蚀、脱落等危及安全的现象及其程度。

③检查漏水（挂冰）范围及程度。

（8）内装饰

①检查表面脏污、缺损的范围和程度。

②检查装饰板变形、缺损的范围和程度等。

（9）标志、标线、轮廓标

检查外观缺损、表面脏污状况，连接件牢固状况、光度是否满足要求等。

【引】美国标准①规定,在初次检查后,在美国国家隧道检验标准(NTIS)规定的时间间隔内进行常规检查。常规检查是指定期检查,以确保工程结构能提供持续安全、可靠、高效的服务。常规检查的范围与初次检查相似。常规隧道检查记录了隧道在一段时间内的工程质量变化,可用于帮助确定隧道结构的发展趋势和预测组件的未来寿命。

常规检查应至少满足所规定的观测指标和测量数量,可用于确定隧道的物理和功能状况。常规检查的内容包括结构、土木、机械、电气和照明、消防和生命安全、安保、标志和防护系统。检查结果按照《美国国家隧道规范清单》(*The Specifications for National Tunnel Inventory*, SNTI)中的说明进行记录。

上述常规检查内容又可细分如下:

(1)结构

①结构材料:钢结构(腐蚀、裂缝、扭结、渗漏、保护系统破坏)、混凝土结构(结垢、开裂、分层、剥落、联合裂碎、剥离、风化、变色、腐蚀、渗漏)、木结构(腐蚀、蛀虫、开裂、火灾破坏、内部糜烂、渗漏)、砌块砌体结构(砌筑块材、砂浆、完整程度、渗漏)。

②衬层:钢衬垫、混凝土衬砌和喷射混凝土、建筑表面处理、管片环、木材衬垫、砌体衬垫、坚硬岩石中的无衬砌隧道。

③屋顶大梁。

④柱和桩。

⑤紧急救援走廊。

⑥内部墙壁:混凝土墙面、建筑饰面。

⑦入口。

⑧建筑天花板结构:上部静压室、隧道顶板、吊架和锚具、吊顶、吊顶梁、顶板和底板。

⑨隧道的仰拱结构:梁板、大梁和楼板。

⑩节点和垫圈。

⑪其他:结构连接处、门、窗户和框架、楼梯、天台、地板、托架和支架、机械基座。

(2)交通设施

①已磨损路面:混凝土、沥青。

②交通障碍。

③行人栏杆。

④其他:路缘和人行道、维修通道。

(3)机械系统

①隧道通风:风扇电机、百叶、电机操作的阻尼器和各种传动系统。

②隧道排水:泵、集水池泵。

③应急发电机系统。

---

①美国,《隧道操作、维护、检查和评估(TOMIE)手册》(*Tunnel Operations, Maintenance, Inspection, and Evaluation (TOMIE) Manual*)。

④防洪闸门。

⑤其他:管道、加热、通风和空调设备、过滤器和线圈。

(4)电气及照明系统

①配电系统。

②应急配电系统。

③照明系统:照明灯具、照明系统杂项检查、应急照明系统和装置。

(5)消防、应急通信、隧道安全和操作系统

①消防系统:火灾探测、消防。

②应急通信系统。

③隧道安全和操作系统。

(6)标志

包括交通和出口标志、可变车道标志牌等。

(7)装饰面和防护涂层

【引】法国标准①规定,定期的详细检查在某种程度上是对结构进行全面的"健康检查",主要通过测量等方法完成,还可以通过非破坏性检查(如声波或超声波测量、红外热像图、雷达测量等)或破坏性检查(如取芯、开窗等)来加强检查。检查方法的选取取决于结构的性质、规模和状况,但是必须对其所有的部分进行全面检查。英国标准②规定,与定期检查对应的是主要检查。隧道机电设备及相关系统的主要检查,须在监督组织同意的时间间隔内进行,且从最后一次主要检查日期起计,不得超过三年。在某一年内,如果主要检查与一般检查同时进行,则应以主要检查代替一般检查。主要检查应包括对隧道所有可接近的部分以及机电系统和设备进行详细的检查,必要时需拆除套管等。

【注】国内的定期检查项目与经常性检查项目相同,对隧道的不同部件或结构进行了分别规定及描述。美国规范中与国内定期检查对应的是例行检查,是按照不同的系统进行规定,每个系统又分为不同的小项分别描述。法国规范中与国内定期检查对应的是定期详细检查,英国规范中对应的是主要检查。

4) 专项检查

根据《公路隧道养护技术规范》(JTG H12—2015)的规定,公路隧道专项检查内容包括:

(1)结构变形检查

①公路线形、高程检查:公路中线位置、路面高度、缘石高度以及纵、横坡度等测量。

②隧道横断面检查:隧道横断面测量、周壁位移测量(与相邻或完好断面比较)。

---

①法国,《公路隧道土木工程检验指南》(Guide d'inspection en génie civil des tunnels routiers);

②英国,《公路隧道检验与记录》(Inspection and Records for Road Tunnels)。

③净空变化检查：隧道内壁间距测量（自身变化比较）。

（2）裂缝检查

①裂缝调查：裂缝的位置、宽度、长度、开展范围或程度等。

②裂缝检测：裂缝的发展变化趋势及其速度；裂缝的方向及深度等。

（3）漏水检查

①漏水调查：漏水的位置、水量、浑浊、冻结，以及原有防排水系统的状态等。

②漏水检测：水温、pH值检查、电导度检测、水质化学分析。

③防排水系统：拥堵、破坏情况。

（4）材质检查

①衬砌强度检查：强度简易测定、钻孔取芯、各种强度试验等。

②衬砌表面病害：起层、剥落、蜂窝、麻面、孔洞、露筋等。

③混凝土碳化深度检测：采用酚酞液检查混凝土的碳化深度。

④钢筋锈蚀检测：剔凿检测法、电化学测定法、综合分析判定法。

（5）衬砌及围岩状况检查

①无损检查：无损检测衬砌厚度、空洞、裂缝和渗漏水等，以及钢筋、钢拱架、衬砌配筋位置及保护层厚度、围岩状况、仰拱充填层密实程度及其下岩溶发育情况。

②钻孔检查：钻孔测定衬砌厚度等、内窥镜观测衬砌及围岩内部状况。

（6）荷载状况检查

①衬砌应力及拱背压力检查：衬砌不同部位的应力及其变化、拱背压力的分布及其变化。

②水压力检查：对于地下水丰富的隧道，检查其衬砌背后水压力大小、分布及变化规律。

【引】根据美国标准①的规定，与专项检查对应的是深入检查和特殊检查。深入检查是对一个、几个或所有元素或功能系统进行的近距离、详细的检查。这些检查用于识别在初始、常规或损坏检查中不易发现的缺陷。深入检查应对隧道系统的部件和材料进行测试，测试过程中要对设备部件进行拆卸和清洗。深入检查可用于结构分析或功能系统的评估。根据隧道设施的需要、检查结果和既定的书面程序安排深入检查。

特殊检查通常是在深入检查之后进行的，当发现重大缺陷并需要进行监测时，根据隧道设施的需要、检查结果和既定的书面程序安排特殊检查。特殊检查应持续进行，但可能以调整的间隔或持续时间进行，直到缺陷得到修复或进一步研究确定其不再加速恶化。例如，一个由不同金属制成的灯具安装在交通道路上可能会有过度腐蚀的问题。因

---

①美国，《隧道操作、维护、检查和评估（TOMIE）手册》（*Tunnel Operations, Maintenance, Inspection, and Evaluation (TOMIE) Manual*）。

此,应定期监测这个灯具,以确保它仍然牢固地固定和安全运行。

根据英国标准[1]的规定,与我国专项检查大致对应的检查类别是安全检查。安全检查是经常进行的定期目视检查,以识别或调查可能危及公众或工作人员的潜在缺陷,或引起维修费用大量增加的缺陷,或导致交通中断的缺陷。安全检查应按照《隧道操作和维护手册》和《高速公路结构检测》(*Inspection of Highway Structures*)进行。安全检查应在经风险评估后确定的时间间隔内进行,但次数不得少于每周一次。公路结构的安全检查应根据特定路线或资产的风险大小和重要性程度来安排频率。

如果监控系统不能完全覆盖安全关键项目,则应每天对其进行安全检查。(注意:完全覆盖是指监控系统可以对安全关键项目范围内的问题进行监测和预警。)

【注】国内的专项检查项目与美国规范中的分类方式基本一致,是按照不同的系统进行规定的,每个系统又分为不同的小项分别描述。美国规范中与国内专项检查对应的是深入检查和特殊检查,尤其是特殊检查,是对上文所述的重大缺陷进行重点检查。英国规范中与国内专项检查对应的是安全检查,同样是主要针对发生缺陷或异常的部位进行检查。

5)应急检查

根据《公路隧道养护技术规范》(JTG H12—2015)的规定,应急检查的内容原则上与定期检查相同,但应针对发生异常情况或者受异常事件影响的结构或结构部位做重点检查,以掌握其受损情况。

【引】根据美国标准[2]的规定,与应急检查对应的是损伤检查。损伤检查是在自然灾害发生或人为活动损坏隧道后进行的。汽车碰撞、火灾、洪水、地震、人为蓄意破坏或爆炸可能会对隧道造成损害。当隧道发生严重损坏时,隧道应保持关闭,直到损坏检查完成。损伤检查包括结构安全性分析和后续紧急修理。结构材料的安全性要根据《桥梁评估手册》进一步评估。

(1)撞击事件

在隧道内,机动车的撞击是比较常见的。这种类型的破坏通常发生在隧道洞口附近。车辆撞到栏杆、路缘和人行道也很常见。

在撞击事件发生后,应检查以下内容:

①隧道衬砌损坏和瓦片松动。

②隧道顶板。

③隧道照明。

④损坏的钢材、木材或混凝土隧道支架。

---

①英国,《公路隧道检验与记录》(*Inspection and Records for Road Tunnels*);

②美国,《隧道操作、维护、检查和评估(TOMIE)手册》(*Tunnel Operations, Maintenance, Inspection, and Evaluation (TOMIE) Manual*)。

⑤低吊设备及其锚固系统,如喷气风扇、吊顶系统、照明系统、检测和通信设备等。

⑥道路沿线设施,如栏杆、路缘和人行道等。

⑦排水区域。

(2)火灾事件

在火灾中,保障用户和救援人员的安全是第一要务。隧道通常需要采取紧急通风措施,以排出烟雾,排出过热气体,并为撤离人员和急救人员提供一个可靠的环境。车辆上的燃料和其他可燃材料会增加火灾的严重程度。溢出的燃料也可能聚集在排水系统的收集点,并被运输到隧道的其他部分。一些排水系统可能会将被燃料污染的液体排放到隧道外的位置。应该使用监测器评估撞车后隧道内的爆炸性气体水平。

在评估损害时,有必要开展火灾强度评估。这些信息可用于支持在火灾事件中开展有关特定隧道系统性能的后续评估。

(3)洪水事件

洪水过后,隧道周围的路堤和斜坡可能会被水浸透,进而可能会导致墙体和边坡失稳。应在洪水发生后勘查隧道附近的路堤和斜坡,并抽出隧道中多余的水,清除杂物。检查通风管道、机房、应急走廊等难以进入的区域,防止积水和杂物堵塞。在恢复隧道电力之前,需要开展潜在的触电危险评估。

触电风险评估完成后,检查人员应评估闸门的功能性,并记录洪水损害的程度。还应检查暴露在洪水中的功能系统是否受损。另外,电力系统可能会被洪水破坏,尤其是涉及海水的时候,应检查相应的设备,确保功能可以恢复。最后,洪水过后,隧道可能需要彻底冲洗。

(4)地震事件

在里氏 5.0 级以上的地震发生后,应该检查震中 100 mi(1 mi≈1.609 3 km)内的所有隧道。检查的内容如下:

①检查隧道入口附近的堤防是否出现裂缝、滑坡或边坡失稳。

②检查有无岩石落下或岩石松动。

③检查隧道洞口附近的墙壁是否产生倾斜。

④检查有无掉落的或松散的材料,如可能掉落的瓦片。

⑤观察隧道衬砌或路面是否出现新裂缝或故障。

⑥检查隧道内所有悬吊物品及架空附件,如吊顶、喷气风扇、照明系统及标志等。

⑦检查是否存在断层位移引起的偏移。

⑧检查钢、木材、砖石或混凝土结构构件是否损坏。

⑨检查隧道内水流是否增加或异常,尤指隧道被淹没时。

⑩检查排水、通风和照明、通信设备和安全系统等功能系统。

如果隧道为低洼的沿海地区,地震发生后可能会引起海啸,进而引发洪水,此时应按照洪水事件开展隧道应急检测。

（5）爆炸事件

爆炸事件会造成大范围或局部的破坏,而这种破坏往往很难预测。在进行隧道损伤检查之前,检查人员应了解与爆炸事件相关的问题,如空气质量、危险材料存在的可能性、燃料和其他可燃物或危险材料泄漏的可能性。

当检查因爆炸事件造成的损害时,还应适当参照撞击、火灾和地震损伤程序。此外,应检查所有可能受到冲击的结构门窗是否受到了冲击波的破坏。隧道检查机构、隧道设施检修人员和应急人员应制定适合隧道设施的处理爆炸事件的程序。

根据英国标准①的规定,与国内应急检查对应的是特别检查。应对机电设备进行应急检查,调查在其他检查或设备运行过程中发现的具体问题。特别检查报告应记录补救的估计费用或翻新工程的建议。如发生意外或封闭而影响隧道系统,应进行特别检查。

【注】国内的应急检查无具体规定,是对定期检查中出现异常的部分作重点检查。不同之处在于,美国规范中的规定更详细、描述更具体;英国规范中对应的检查类别为特别检查,主要针对机械设备进行。

3.2　隧道检测实施

检测实施主要包括检测工作的技术手段、检测频率、检测判定标准、技术状况评定方法等内容。

3.2.1　检测主要内容

1) 运营通风检测

（1）经常检测

表 3.1　运营通风经常检测

设施名称	检查项目	主要检查内容
射流风机	总体	风机运转过程中有无异响
		风机运转时电流值是否在额定值内
		风机翻转是否正常
		维护性开启频率
	各安装部位	有无松动、腐蚀现象
		安全吊链的松紧程度

---

①英国,《公路隧道检验与记录》(*Inspection and Records for Road Tunnels*)。

续表

设施名称	检查项目	主要检查内容
轴流风机	总体	运转状态有无异响和异常振动
		各计量仪器、仪表读数是否正确
		维护性开启频率
	减速机	油量是否正常
	润滑油冷却装置	配管、冷却器、交换器、循环泵的状态
		运转中有无振动、异响、过热现象
	气流调节装置	动作状态有无异常

（2）定期检测

表 3.2　运营通风定期检测

设施名称	检查项目	主要检查内容
射流风机	叶片	叶片是否清洁,有无异响
	电动机	转动轴有无振动、异响、过热
		润滑油的检查、更换及轴承清洗
		电机的拆卸检查、轴承清洗及油脂更换
		防护情况检查
		绝缘测试
		三相电流平衡试验
		运行中的电动机温升是否正常
	其他	拆卸组装后的风速及推力测试
射流风机及离心风机	总体	基础螺栓及连接螺栓的状态有无异常
		轴承温度、油温、油压有无异常
		振动测试有无异常
		逆转 1 h 以上的工作状况有无异常
		与监控测试联动试验
		手动旋转的平衡状态
		正、反转间隔一定时间的试验
		叶片安装状态检查
	减速机	有无异响,油温是否正常
		润滑油老化试验
		更换油脂

续表

设施名称	检查项目	主要检查内容
轴流风机	气流调节装置	内翼有无损伤、裂纹
		密封材料状态
	动翼、静翼及叶轮	翼面有无损伤、裂纹
		焊接部有无损伤
		检查叶轮液压调节装置
轴流风机及离心风机	导流叶片及异型管	有无生锈、涂装剥离、螺母松动
	驱动轴	加油脂
	电动机	绝缘测试
		三相电流平衡试验
	消音器	清扫消音器内壁灰尘
		噪声检测
		吸音材料检查与变质材料更换
	其他	仪表的检查、校正和更换
		供油装置的检验
		必要时的金属探伤
		组装、检查后的试运转及风速、推动测试

【引】根据美国标准①的规定,隧道通风系统包括风扇电机、百叶、电机操作的阻尼器等机械部件和各种系统。通风系统的检查至少应包括下列事项:

①检查每台设备的维修记录,并注意复核以往特殊或频繁的维护问题是否得到解决。

②注意风扇、气道、百叶、电动阻尼器和传动系统的物理状况。

③检查每个风扇和相关的电机操作的阻尼器和部件是否正常运行。

④在典型的风机运行过程中,对风机、电机和轴承进行振动分析,检查风机驱动系统和轴承。

⑤确保无障碍物和碎片进入人体呼吸道。

⑥测试一氧化碳(CO)监测设备的操作。

---

①美国,《隧道操作、维护、检查和评估(TOMIE)手册》(*Tunnel Operations, Maintenance, Inspection, and Evaluation (TOMIE) Manual*)。

⑦检查气流,确保系统符合通风设计标准。

隧道通风系统的具体检测操作如下:

①风扇电动机:应检查电机外观和支架是否发生油漆失效和表面腐蚀。使用扳手检查安装螺栓是否紧固。检查电机、轴和轴承是否有泄漏。检查电机外壳、支架和周围部件是否有油脂积聚,如果有油脂,调查其产生原因。检查密封条是否失效或发生向外移位。检查所有软管是否变质。操作电机,以验证其功能。检测时,目视检查电机、轴及轴承,并记录异常行为;留意不寻常的噪声,如嗡嗡声或刺耳的电机或轴承运行声音;观察马达外壳是否有异常振动或异常的温度变化。

②隧道风扇:隧道风扇应在所有速度下运行,并在安全距离内观察。避免站在操作员附近造成操作事故。遵循安全预防措施。注意风扇的运行是否需要手动重启或手动控制。注意金属之间的接触,如风扇轮可能会接触卷轴或进口锥,从而导致火花。

③电机:使用手持式红外温度计检查电机的工作温度。许多电机在正常工作时会发热,但过热可能表明电机有缺陷。检查其冷却通道和筛管是否有过多的灰尘和污垢积聚,从而影响冷却效果。

④漏油和润滑:观察风扇、驱动外壳或风扇支撑垫上的油脂/润滑脂泄漏的迹象。油脂或润滑脂泄漏可能表明油脂或润滑脂过量、密封缺陷。如果电机处于加热状态,油脂或润滑剂泄漏可能会导致火灾。应确保泄漏的油或润滑剂不会引起火灾。

⑤噪声和振动:应注意异常的噪声或振动。如果条件允许,应找出风机启动时的噪声源或振动源。应对旋转元件(如风扇、电机轴承和驱动元件)进行周期性或连续的振动监测,并查看维护日志中的风机振动分析数据。注意发现的缺陷的严重程度。如果条件允许,应诊断异常行为、噪声或振动产生的原因。

⑥油漆和腐蚀:观察风机、驱动器、支架和防护罩的一般情况;及时清洁被腐蚀的风机、驱动器和支架等设备。

⑦风扇驱动系统:常见的风扇驱动系统有两种——直接驱动和间接驱动。直接驱动风扇以与电机相同的速度转动,常见于轴流风机中;间接驱动风扇的齿轮由皮带或链条和链轮驱动,常见于离心风机中。

⑧风扇皮带:检查其滑轮和机壳的油漆故障和表面腐蚀程度。检查皮带是否有裂纹、不均匀磨损、分离、磨损或任何其他恶化现象,有些皮带还装有磨损指示器。操作电机时,观察检查皮带是否打滑,在切换电机速度时注意听有无刺耳的声音。如伴随有燃烧的气味或刺耳声,可能表明皮带张紧不当。应确保滑轮对齐,不要与外壳接触。

⑨风扇链条和链轮:检查其外壳是否发生油漆损坏和表面腐蚀。检查外壳的全部裂口或盖子是否发生漏油。检查机油状况和壳体内的油位。如果条件允许,打开机壳检查链条和链轮是否磨损,有些链条和链轮还装有磨损指示器。操作电机时,注意听链条发出的颤振噪声,这可能表明链条松动,应该拉紧链条。

⑩风扇轴承:轴承是风扇运行的关键部件。轴承寿命通常用环或滚动元件出现金属疲劳之前的工作小时数表示。检查油脂或润滑脂的状况,并确保其处在正确的水平。检

查相邻部件的轴承密封是否有漏油和油脂积聚现象。如果润滑脂积聚,调查其产生的原因。

⑪轴承壳和支座:检查轴承壳和支座是否发生油漆失效和表面腐蚀。使用扳手检查安装螺栓和盖螺栓是否牢固。检查皮带和滑轮磨损的程度。使用手持式红外温度计检查轴承、皮带和驱动器温度。检查加长润滑脂管路的状况和破损情况。

⑫风扇电机:在操作过程中,注意任何异常的声音、运动或振动,这表明可能存在缺陷。如果可能,诊断原因或任何不规则的噪声、运动或振动。

⑬风机传动联轴器:检查联轴器是否发生油漆损坏和表面腐蚀。检查润滑脂是否泄漏。用扳手检查螺栓的松紧度。在操作过程中,观察联轴器在整个速度范围内的运动。在垫片式联轴器中,检查垫片破损、分层或其他缺陷情况。

⑭风扇外壳:检查风扇外壳的所有部件是否有油漆失效、表面腐蚀和截面损失现象。应保证风机和外壳之间没有接触,且风机在运行过程中没有失衡或其他异常运动。在较高的速度下,风扇和外壳之间的接触是最明显的。注意风扇外壳内是否有杂物或水的痕迹,这可能表明排水管道堵塞。检查外壳是否有过度腐蚀或产生疲劳裂纹的迹象。若有过多的灰尘或污垢积聚,这可能表明风扇缺乏维护和保养。确保所有的安全防护装置、检修门和盖板都已到位。在未执行锁定标记程序之前,切勿进入风扇外壳,或接近未受保护的皮带或链条传动。检查风机壳体内的管道是否有腐蚀、漏盖现象和裸露的电线存在。

⑮本地风扇控制:检查本地风扇控制是否正常;检查外壳是否有松动或损坏的线路;确保每个风扇紧急停止控制功能正常;寻找可能表明有缺陷设备的测试标签。

⑯阻尼器和阻尼器驱动:检查阻尼器驱动是否正常工作。检查门链是否有损坏的迹象。确保百叶和风门完全关闭。检查所有部件的油漆损坏和表面腐蚀程度。使用扳手检查螺栓是否紧固。检查电机、轴、轴承和减速机是否有润滑脂泄漏。检查密封件是否已经失效或是否正在向外移动。如果有油脂泄漏,调查其泄漏的原因。并采取相应的措施进行维修。确保减速阻尼器功能正常。确保风门百叶上的橡胶密封件完好无损。检查阻尼叶片指示器是否对齐。

⑰声音衰减器:风扇发出的噪声通过通风系统传播,到达隧道的部分噪声通常在很大程度上被管道系统和隧道内的环境噪声衰减。声音衰减器被用来保护周围的居民区不受噪声影响。声音读数应在噪声水平最受关注的时候进行,例如在夜间,当附近的噪声水平最低时进行声音读数,读取在非紧急情况下运行的风机数量最多时的声音并进行噪声水平评估。

英国标准①的相关规定如下:

①所有通风设备(包括隧道内和机房)的目视检查应作为《隧道运营维护手册》(OMM)中详述的维护活动的一部分进行。

---

①英国,《公路构筑物检验》(*Inspection of Highway Structures*)。

②在计划的隧道关闭期间,应按照建设方的建议,每隔3~4个月对喷射风扇进行一次目视检查。

③应检查风机组件的内部和外部(包括电机、叶轮和消音部分)是否有磨损、老化、过热或异物堆积的迹象。

④需要特别注意检查整流罩、盖子、锥体和其他外部和内部可接触到的部件及其固定装置,以确保其安全性和可靠性。

⑤机房内安装的风扇、防火阀和消声器应按照建设方的建议,每隔3个月检查1次,检查其是否有损坏或老化的迹象。

⑥如果使用了膨胀波纹管,应检查其是否有损坏的迹象,以及是否失去固定性。

⑦应检查防震支架、支撑、螺栓、固定装置、连接件和紧固件是否有腐蚀、机械损坏和异物堆积的迹象。

⑧应检查所有固定风机组件的固定装置、风机固定板和隧道织物安装面之间是否有失去接触的迹象。

⑨应检查电气附件(如连接器、隔离器、接线盒、电缆和导管)是否有腐蚀、损坏、过热或堆积异物的迹象。

⑩在有冷凝水的地方,所有裸露的金属制品都应作为通风系统日常维护活动的一部分,检测是否有腐蚀迹象。

⑪对叶轮叶片以及消声器的内部和外部应按照建设方的建议进行清洁,间隔时间通常为3个月。

⑫如果需要对电机轴承进行注油和润滑,应在常规维修中进行。

【注】国内外对隧道运营通风检测的规定基本一致,都是对风扇、阻尼器、风机、电机、轴承等部分进行检查。国内规范将检查分为经常性和定期检测,将检测项目分为射流风机和轴流风机系统;而国外规范分类通常都是大幅文字说明,不够系统直观。

2)运营照明检测

(1)经常检测

表3.3　运营照明经常检测

设施名称	检查项目	主要检查内容
隧道灯具	总体	电压是否稳定,灯的亮度是否正常
		灯泡的损坏与更换
		引入线检查,电磁接触器、配电箱柜是否积水
		开关装置定时的准确性与动作状态有无异常
	照度测试	超过灯具寿命周期后应进行照度测试

续表

设施名称	检查项目	主要检查内容
洞外路灯	灯体	有无损坏,亮度目测是否正常
		防护等级检查
照明线路	总体	回路工作是否正常

(2)定期检测

表3.4 运营照明定期检测

设施名称	检查项目	主要检查内容
隧道灯具	总体	开关装置定时的准确性与动作状态有无异常
		脱漆部位补漆及灯具修理更换
		绝缘检查
	各安装部位	有无松动、腐蚀
	密封性	灯具内是否有尘埃、积水,密封条是否老化
	检修孔、手孔	有无积水
洞外路灯	灯杆	外观有无裂纹
		有无损伤及涂装破坏
		接地端子有无松动
	基础	设置状况是否稳定
		有无开裂、损伤
		锚具、螺栓有无生锈、松动

【引】根据美国标准[①]的规定,照明系统是由多个具有潜在危险的设备组成的复杂系统。某些组件的故障可能会影响整个系统的有效性。在开始进行实地工作之前,仔细检查现有的记录和图表。注意不要重复计算应急照明灯具或正常照明灯具,当照明灯具在正常使用和紧急使用时都处于开启状态时,最好将其视为应急照明系统的一部分,以避免重复计算照明灯具。应制订书面程序以解决这个问题。

隧道照明系统的主要组件包括灯、镇流器、透镜、外壳、布线及控制装置。照明系统

---

①美国,《隧道操作、维护、检查和评估(TOMIE)手册》(*Tunnel Operations, Maintenance, Inspection, and Evaluation (TOMIE) Manual*)。

条件的评估应结合视觉观察、隧道运营商通过维护报告提供的数据,以及深入的测试程序,包括对隧道表面照明水平的测定。

测试照明系统最有效的方法是操作照明及其相关控制,观察照明系统在24 h内正常工作时道路表面的照明水平,并与系统设计标准相比较,评估两者是否存在较大差异。

照明系统测试流程如下:

①使用照明工程学会(Illuminating Engineering Society,IES)光照测量LM-50设备测量隧道内的光线水平,并将结果与照明工程学会推荐的方法要求进行比较。

②按照IES建议的时间间隔测量光线水平。

③测量紧急出口的光线水平,并与IES比较。

④检查可见的损坏,包括腐蚀或损坏的外壳、松动的附件、破碎的镜头和烧坏的灯泡等。检查导管从固定装置中拔出的地方是否有裸露的电线。同时,注意镜片是否需要清洗。

⑤检测不同范围内的夜间和日光照明系统。

照明系统的具体检测操作如下:

①照明灯具:照明灯具(包括安装支架,灯具和附件)应具有良好水密性和防尘性,在正常使用和操作下,照明灯具更易于维护。定期清洗隧道以保持反射率,检查清洗的质量和对照明的影响。观察照明灯具的透镜和外壳的一般情况。注意清洁、破碎的镜片或外壳以及腐蚀表面的百分比。

②照明灯具及其附件:在检查照明灯具及其附件时,应检查由环境条件造成的腐蚀损伤和不同金属接触引起的腐蚀。易腐蚀点位于照明外壳底座与灯具、将灯具固定在底座上的夹子以及将底座固定在基板上的螺栓之间。

③检测是否发生电偶腐蚀:当两种不同的金属被置于导电和腐蚀的溶液中并相互接触时,它们之间会产生电子(电)流,从而引起腐蚀。这种腐蚀被称为电偶或异种金属/双金属腐蚀,此时耐蚀性较低的材料(阳极)会表现出腐蚀程度加剧的现象,而耐蚀性较高的材料(阴极)会表现出腐蚀程度减轻或不出现腐蚀的现象。

④杂项照明系统:应检查机房、走廊、附属建筑和辅助结构中的固定装置和器具等杂项照明系统。

⑤应急照明系统和装置:应急照明系统为安全疏散提供出口照明,并且必须在电网停电的情况下运行。这些灯具由应急配电系统供电。当主电源关闭,应急发电系统运行时,检查应急照明系统。在进行现场测试之前,应充分审查照明图和电气原理图。

英国标准①对照明系统的检测规定如下:

①当所有灯具开启时(通常在白天),应从车道或通过设备控制系统进行检查,检查间隔时间为14 d,以检测灯泡故障和机械损坏,并在计划的下一次隧道关闭或重装前评估其是否需要维修。

---

①英国,《公路构筑物检验》(*Inspection of Highway Structures*)。

②可以通过分析照明电路的运行电流检测灯具故障,或通过照明控制系统(如果它能监测灯具故障)检测。

③如果操作检查或维护记录表明,低电压或高电压可能是一个或多个灯具发生故障的原因,则应在一段时间内对电压进行监测,以检查其是否在建设方的允许范围内。

④在重新安装灯具期间,应检查和测试齿轮盘设备。如果密封垫片和夹子失效,应予以更换。

⑤对照明控制和监测设备应按照建设方的建议进行检查、测试和维护。如果建设方没有提供推荐的维护间隔时间,则应适用以下规定:

a. 目视检查照明控制和检测设备,包括清洁硬件,检查是否有损坏或过热的迹象,通常每隔 3 个月更换一次可维修的部件。

b. 对通信系统的硬件/软件进行常规维修,通常每隔 6 个月进行一次。

c. 对照明控制和监测系统进行功能测试,通常每隔 12 个月进行一次。

⑥对应急照明应按照建设方的建议进行检查、测试和维护。

⑦对调光设备应按照建设方的建议进行检查、测试和维护。如果建设方没有提供推荐的维护间隔时间,则应适用以下规定:

a. 目视检查调光设备,包括清洁硬件,检查其是否有损坏或过热的迹象。检查通风路径是否有障碍物和空气是否自由流通,并更换可维修的部件,通常每隔 3 个月进行一次。

b. 测试调光设备的功能,通常每隔 12 个月进行一次。

⑧对光度计应按照建设方的建议进行检查、测试和维护。维护时可能不需要关闭隧道。如果检测工作在白天进行,注意隧道照明的自动控制水平可能会受到影响。

【注】和通风检测类似,国内规范将隧道照明检查分为经常检测和定期检测,主要对灯具和线路进行检查,而国外规范同样要求对灯具外观、线路等进行检查,但额外规定了应急照明条件。相比之下,国内规范对照明检测项目的划分更系统,且采用表格的方式列出,也更为直观。

3)外观检测(经常检查)

根据《公路隧道养护技术规范》(JTG H12—2015)的规定,经常检查宜采用人工与信息化手段相结合的方式,配以简单的检查工具进行。应当场填写"公路隧道经常检查记录表",翔实记述检查项目的缺损类型,估计缺损范围和程度以及养护工作量,对异常情况做出缺损状况判定分类,并提出相应的养护措施。

当经常检查中发现隧道存在一般异常情况时,应进行监视、观测或做进一步检查;当经常检查中发现隧道存在严重异常情况时,应采取措施进行处治;当对其产生原因及详细情况不明时,尚应做定期检查或专项检查。

【引】根据美国标准①的规定,一些常见的外观检查方法包括清洁、现场测量和建立测量控制。

(1)清洁

应清除碎屑、风化物、铁锈或其他外来物质,以便更好地观察缺陷的状况。应使用适当的工具和设备消除腐蚀并减少对涂饰的损害。在许多情况下,钢丝刷可用于清除腐蚀;而在其他情况下,可以通过水、相关溶剂、压缩空气或其他清洗液等方法配合软毛刷清除外来物质。

(2)现场测量

目视检查所有暴露的表面后,对缺陷进行测量和记录。缺陷的位置对后续的监测和修复工作非常重要。混凝土构件产生裂缝时,应测量和记录下其长度和宽度。钢构件易产生腐蚀,应测量相应的腐蚀深度。上述测量对于木结构也适用。应进行准确的测量以确保检测结果的质量。

(3)测量控制

一旦缺陷被记录下来,能够定位缺陷是很重要的。测量控制系统有助于在后续检查、监测或维修中定位缺陷。大多数公路隧道已经建立了基线或站场系统。利用这些信息,隧道检查人员可以准确地记录缺陷的位置。一些隧道设施使用指定宽度的墙板,这可以作为测量控制系统的一部分。通过建立一个包含面板的网格,可以从面板接缝测量缺陷,并将其位置转换到定位系统中。

除在隧道纵向上通过面板编号和位置定位缺陷,还应记录缺陷在隧道横断面(垂直于隧道轴线)内的位置。

根据英国标准②的规定,一般检查应包括对结构的所有部分进行目视检查,这些检查可以在不需要额外设备的情况下,结合结构周围安全的地面观察位置进行检查。

在一般检查过程中,可利用视觉辅助工具(如双筒望远镜、配有长焦镜头和三脚架的相机)识别远距离的缺陷。

应在白天进行一般检查,以便从多个安全的观测点或使用固定的通道设施(如检查通道和台阶)对整个建筑进行检查。

【注】国内外观检测(经常检查)并未针对每项检查项目进行具体的规定,而是总结性地规定采用人工与信息化手段结合的方法进行检测。美国规范中的外观检测也未对各项目进行单独规定,而是总结归纳了检测采用的检查技术手段,对各种技术手段进行了明确的解释说明,相比国内更为详细具体。英国规范则是对公路检查进行了统一的规定,并指出各规定也适用于隧道检查。与中国、美国规范略有不同的是,英国规范对各大类检测方法还进行了分别规定。

---

①美国,《隧道操作、维护、检查和评估(TOMIE)手册》(*Tunnel Operations, Maintenance, Inspection, and Evaluation (TOMIE) Manual*);

②英国,《公路构筑物检验》(*Inspection of Highway Structures*)。

4）外观检测（定期检查）

根据《公路隧道养护技术规范》（JTG H12—2015）的规定，应通过定期检查，系统掌握结构技术状况和功能状况，开展土建结构技术状况评定，为制订养护工作计划提供依据，并应符合下列要求：

①定期检查需要配备必要的检查工具或设备，进行目测或量测检查。检查时，应尽量靠近结构，依次检查各个结构部位，注意发现异常情况和原有异常情况的发展变化；对有异常情况的结构，应在其适当位置做出标记；此外，检查结果记录宜量化。

②定期检查内容应按表3.5执行。

表3.5 定期检查内容

项目名称	检查内容
洞口	山体滑坡、岩石崩塌的征兆及其发展趋势；边坡、碎落台、护坡道的缺口、冲沟、潜流涌水、沉陷、塌落等及其发展趋势
	护坡、挡土墙的裂缝、断缝、倾斜、鼓肚、滑动、下沉的位置、范围及其程度，有无表面风化、泄水孔堵塞、墙后积水、地基错台、空隙等现象及其程度
洞门	墙身裂缝的位置、宽度、长度、范围或程度
	结构倾斜、沉陷、断裂范围、变位量、发展趋势
	洞门与洞身连接处环向裂缝开展情况、外倾趋势
	混凝土起层、剥落的范围和深度，钢筋有无外露、受到锈蚀
	墙背填料流失范围和程度
衬砌	衬砌裂缝的位置、宽度、长度、范围或程度，墙身施工缝开裂宽度、错位量
	衬砌表层起层、剥落的范围和深度
	衬砌渗漏水的位置、水量、浑浊、冻结状况
路面	路面工期、沉陷、错台、开裂、溜滑的范围和程度；路面积水、结冰等范围和程度
检修道	检修道毁坏、盖板缺陷的位置和状况；栏杆变形、锈蚀、缺损等的位置和状况
排水系统	结构缺损程度、中央窨井盖、边沟盖板等完好程度，沟管开裂漏水状况；排水沟（管）、积水井等淤积堵塞、沉沙、滞水、结冰等状况

续表

项目名称	检查内容
吊顶及各种预埋件	吊顶板变形、缺损的位置和程度;吊杆等预埋件是否完好,有无锈蚀、脱落等危及安全的现象及其程度;漏水(挂冰)范围及程度
内装饰	表面脏污、缺损的范围和程度;装饰板变形、缺损的范围和程度等
标志、标线、轮廓标	外观缺损、表面脏污状况,连接件牢固状况、光度是否满足要求等

③检查结果应当场填入"定期检查记录表",将检查数据及病害绘入"隧道展示图",发现评定状况值为 2 以上的情况,应做影像记录,并详细、准确地记录缺损或病害状况,分析成因,对结构物的技术状况进行评定。

④定期检查完成后,应编制土建结构定期检查报告,内容应包括:

a. 检查记录表、隧道展示图及相关调查资料等;

b. 对土建结构的技术状况评定;

c. 对土建结构的养护维修状况的评价及建议;

d. 需要实施专项检查的建议;

e. 需要采取处治措施的建议。

【引】根据美国标准①的规定,例行检查应包括结构、土木、机械、电气和照明、消防和生命安全、安保、标志和防护系统。检查结果将按照美国国家隧道检验标准(NTIS)中的说明进行记录。

(1)结构检测

①结构材料:见 3.2.1.8 条"材质检测"部分。

②衬层:见 3.2.1.9 条"衬砌检测"部分。

③屋顶大梁:按照检测混凝土或钢材料结构的方法及标准进行检查。

④柱和桩:按照检测混凝土或钢材料结构的方法及标准进行检查。

⑤紧急救援走廊:应检查混凝土墙、天花板和地板是否有裂缝、分层和剥落。检查是否有渗漏。检查房间里是否有碎屑堆积。检查公用设施、电灯、电气管道和其他安全系统是否损坏。如果电气管道产生破坏,则需要对系统进行操作检查。对所有的结构连接处、门、窗、框架、屋顶、地板、路缘和走道、楼梯、托架和支撑物,以及结构饰面均应进行杂项结构检查。

⑥内部墙壁:对混凝土墙,应使用之前在结构混凝土材料下描述的方法进行检查。检查混凝土墙面时,应使用锤子敲击混凝土基材,或使用橡胶锤在任意位置和缺陷附近的区域敲打瓷砖面。当探测到空心区域时,应确定这些区域的界限。用龙骨或油漆标出

---

①美国,《隧道操作、维护、检查和评估(TOMIE)手册》(*Tunnel Operations, Maintenance, Inspection, and Evaluation (TOMIE) Manual*)。

这些区域。注意碎片的大小、最大深度和位置,以及暴露的钢筋。如有钢筋暴露,检查并记录暴露的钢筋截面损失的百分比。记录裂缝的长度、宽度、深度和位置。目视检查墙面是否潮湿、渗漏、腐蚀、染色和风化。注意有水分渗透或腐蚀痕迹的裂缝。检查时,以每分钟滴数记录有效泄漏量或测量流速。

许多混凝土隧道墙通常不可见,因为它们常被建筑饰面(如瓷砖、金属板)覆盖。对瓷砖墙,应检查其是否有裂缝、分层或缺失瓷砖,这可能表明底层混凝土基质存在缺陷。瓷砖缺失可能是水渗透到混凝土基板的结果。检查裸露的混凝土基材是否有裂缝、分层和剥落。在未铺设瓷砖的墙面和墙体之间可能露出钢筋的施工缝处,寻找剥落的混凝土。对金属面板,应检查地脚螺栓的表面受损程度和状况。

⑦入口:根据结构所采用的材料选用对应的方法检查门户建筑的墙壁、天花板和地板是否有裂缝、分层和剥落。用锤子敲击墙壁的任意位置和周围的缺陷。检查房间里是否有堆积的碎片。检查房间内的公用设施、电灯和电气管道是否损坏。对洞口及辅助结构内的所有结构连接处、门、窗、框架、屋顶、地板、楼梯、托架及支撑物,以及结构饰面,均须进行杂项结构检查。

⑧隧道顶板:应确保上部静压室中的气流分布扩散器、寄存器和通道均处于良好状态,无杂物堆积。

在检查吊顶结构时,要仔细、彻底检查吊顶支撑系统的每个部件,以确保吊顶荷载按预期转移到支撑构件中。如隧道安装有沉重的顶棚元件,应全面制订详细的书面检查及维修程序,并全面实施。在对吊顶构件进行检查之前,检查员应审查所有相关的图纸和程序。

应检查裸露的钢支撑系统元件的腐蚀和截面损失情况,以及在支撑梁或吊架和锚定连接点的螺栓缺失情况。记录丢失螺栓、损坏横梁或吊架的位置。检查吊架连接是否完好,并确保所有预埋的支撑构件或裸露的锚没有垂直位移。

目视检查钢架,确定其是否弯曲。钢架弯曲可能表明顶板是由车辆撞击、气压或其他方式推起的。验证吊架是否处于张力状态的一种方法是"环扣"每个吊架。用锤子轻轻敲击吊架就可以摇铃。紧绷的吊架在被击打后会产生振动或发出鸣响;而由于连接松动或其他缺陷而没有加载在张力中的吊架,将不会产生振动或鸣响,而是产生沉闷的撞击声。如果吊架没有产生鸣响,应仔细检查吊架,确认吊顶系统结构良好。

如果隧道顶板有吊架固定在顶板上的支撑结构,检查两端支撑的连接位置(隧道顶板和面板)是否有裂缝、分层和剥落。检查吊架附近屋顶区域的混凝土裂缝、混凝土分层、剥落物情况,确认构件预埋牢固。用锤子敲击吊架附近的区域和怀疑有混凝土缺陷的区域。

吊顶梁是吊顶板或楼板的主要水平支撑构件,用来代替吊架和锚固装置。吊顶大梁具有各种结构形状,通常由钢结构或混凝土材料组成,应使用相应的方法进行检查。

顶板是现浇混凝土构件,而面板是预制混凝土构件。两者在顶板系统中具有相同的功能。应检查吊顶的上部和下部。注意有裂缝或损坏的顶板的位置。记录吊顶板裂缝的长度、宽度和位置。检查混凝土剥落情况。注意碎片的尺寸、最大深度、位置和暴露的钢筋细节。注意裂纹的位置。检查水分渗透情况和腐蚀痕迹。在有缺陷的位置和周边，用锤子敲击混凝土基材或用橡胶锤敲击瓷砖表面。

对吊顶面板和吊顶支撑系统的顶部，通常从上箱体内部进行检查。检查顶板的顶部是否有裂缝、锈斑、风化、剥落、混凝土崩裂和潮湿的迹象。观察面板之间是否有移位的密封件。检查吊顶支撑系统是否有腐蚀、截面损失以及螺栓缺失情况。

在顶板面板的底面，使用相应的方法检查混凝土表面。重点关注结构表面结垢、裂纹、分层和剥落的情况。检查剥落处是否有暴露的钢筋，并记录截面损失。目测裂缝处是否有潮气和腐蚀痕迹。注意裂纹处的开裂现象。

在某些情况下，建筑饰面可放置在天花板或镶板的下方。如果底部表面由瓷砖、钢筋混凝土填充板或钢复合金属瓷砖组成，其状态评估比墙壁更严格，因为分层瓷砖可能会掉到路面上。检查瓷砖表面是否有裂纹、分层或缺失瓷砖，这可能表明混凝土基材存在缺陷。检查裸露的混凝土基材是否有裂缝、分层和剥落。

⑨隧道仰拱结构——梁板、大梁和楼板：在检查仰拱结构时，应记录缺陷的大小和位置。检查混凝土是否有裂缝、分层和剥落。用锤子敲击倒置的分层混凝土和裂缝以及剥落物周围的随机区域。记录碎屑的大小和最大深度。注意外露钢筋的截面损失。如果出现严重剥落，应准备一幅草图，以标明剥落的程度和位置。注意剥落物中暴露的钢筋，并记录钢筋截面损失。在维修或更换之前，可能需要使用铁芯确定氯离子含量。记录所有裂缝和分层的长度、宽度和位置。检查是否有水分渗透的迹象。注意腐蚀、潮湿、开裂和风化现象。记录其他缺陷的严重程度和位置。分别记录开裂、水分渗透、风化和分层等缺陷所占缺陷总数目的百分比。检查是否有多余的杂物堆积导致积水，并检查下部结构是否可以将积水排放至污水池中。

倒置板——检查板的上部和下部：检查板的上层可能被磨损表面所遮蔽，除了进行无损检测，还应进行其他相关检测。楼板下方的紧密空间也可能影响从下压箱板下方的直接检查。机器人视频检查技术可以用于检查此类狭小空间。检查混凝土板是否有裂缝、分层和剥落。用锤子敲击混凝土的任意区域，敲击裂缝和剥落物附近的混凝土。注意剥落物中暴露的钢筋，并记录其截面损失。检查是否有水分渗入混凝土的迹象。还要注意检查腐蚀、潮湿和风化现象。检查时，以每分钟滴数记录有效泄漏量或测量流速。在大剥落点和大坑洞处，还应检查由冲孔剪切造成的潜在局部破坏区域。

倒立梁是楼板的主要水平支撑构件。应按照构件材料选用相应的方法进行检查。

⑩节点和垫圈：检查节点是否损坏、风化和受潮。检查各个检查段之间的过渡处、与附属建筑物的连接处和辅助结构处的接头。检查接缝周围的混凝土是否有裂缝、剥落和分层。用锤子敲击接缝附近的混凝土。检查接头材料的位置和状况。检查预制板构件之间的密封剂状况。仔细检查对齐情况，检查可能导致其他严重缺陷的差压现象。记录水分渗透或接头受损的位置和严重程度。

常见的垫片类型有铅、胶泥、橡胶等。由于水通过接头渗入、紧固螺栓松动等原因，垫圈材料可能会从接头上脱落。衬垫也可能由于材料的化学或物理变质而失效。衬垫结构的运动也可能引起垫圈撕裂或扭曲，导致渗漏水。应额外调查过渡区域，例如隧道与建筑物连接处的支撑条件发生变化的地方，这些地区的位置应从现有的竣工图纸上明显看出。注意所有垫圈的缺陷，包括长度、宽度和裂纹、松动或损坏的紧固件或其他类型的渗漏水。

⑪其他结构。

a. 结构连接：应仔细检查连接螺栓、铆钉和焊缝。预制混凝土、钢和铸铁衬垫上的螺栓可能会因隧道内的潮湿环境而变色，但是变色通常不会降低螺栓的结构承载力。在可能导致截面损失而发生渗漏水的区域，应特别注意螺栓紧固情况。可以用锤子敲击螺栓来确定其是否拧紧，但最好还是使用扳手。在检查报告中应注明截面损失、螺栓缺失或螺栓松动情况。观察焊缝有无裂纹和撕裂现象。通过染料渗透检测可能有助于发现裂缝。涂层可以保护焊缝不受腐蚀。

b. 门：在检查过程中，应打开和关闭所有门窗，以验证其可操作性。一些门部件可能有损坏、卡住或无法操作的现象。应检查门的元件，以确保门闩与门框充分啮合，并确保门能安全关闭。门和框架可能有腐蚀、分层或截面损失。也应检查安全传感器，以确保其是可操作的。

c. 窗户和框架：钢窗框架可能会腐蚀、损坏，或有部分损失。其中一些框架可能会卡住或无法操作。检查混凝土窗框时，检查混凝土材料是否有裂缝、分层和剥落。也应记录保护涂层的情况。

d. 楼梯：楼梯通常是用钢筋混凝土或钢建造的。对于钢筋混凝土楼梯，有时会在混凝土中加入钢板。检查轨道、立柱和栏杆锚固件是否有漏失或折断的部分，是否有损坏和变质、裂缝或腐蚀和部分损失。检查连接处是否有裂纹，螺栓是否松动或缺失。记录缺陷的严重程度和位置。

对于混凝土楼梯，应检查其是否有裂缝、分层和剥落。注意剥落物中暴露的钢筋，并记录观察到的钢筋截面损失。检查楼梯潮湿渗透、腐蚀染色以及风化的迹象。用锤子敲击楼梯的任意区域，检查分层混凝土。还应注意与裂纹和碎屑等缺陷相邻的区域。记录所有裂缝和分层的长度、宽度和位置。记录所有碎屑的面积、最大深度和位置，以及暴露的钢筋情况。记录其他缺陷的严重程度和位置，包括水分渗透、风化和腐蚀染色。检查钢板有无剥落和松动。用橡胶锤敲打胎面板，并记录分离或缺失的面板。

对于钢楼梯，应检查钢楼梯的腐蚀以及台阶和支架的截面损失情况。检查楼梯板之间的缝隙是否有腐蚀。记录腐蚀和切片丢失的严重程度和位置。注意记录缝隙腐蚀的长度、位置和扩散距离。

e. 天台：检查所有附属建筑物或附属建筑物的天台是否有损坏，避免水透过天台渗入建筑物。检查排水系统是否运作正常，有无杂物堵塞。检查屋顶的排水沟和障碍物的溢流排水孔，防止杂物堆积。检查屋顶周围的栅栏是否损坏。检查顶板伸缩缝是否有碎屑堆积和节理材料是否发生劣化。查看排气烟囱的外表面，检查其是否存在缺陷或损坏的材料。注意屋顶缺陷的位置和严重程度。记录水渗透的位置以及屋面涂装材料和排水系统状况。

f.地板:检查混凝土地板是否有裂缝、分层和剥落。注意剥落区域暴露的钢筋,记录截面损失。检查潮湿渗透、腐蚀染色、潮湿、土体开裂和风化的迹象。用锤子敲击地板的任意区域,检查分层混凝土。也可根据缺陷邻近区域的声音界定该区域的范围。检查地板是否有变形和沉降的迹象。记录所有裂缝和分层的长度、宽度、深度和位置。记录所有碎屑的面积、最大深度和位置,以及暴露的钢筋情况。记录其他缺陷的严重程度和位置,包括水分渗透、风化、腐蚀染色和沉降情况等。

g.托架和支架:托架和支架是安装在天花板或墙壁上的结构元件,用于支撑纵向通风风扇、闭路电视摄像机、交通标志、超高检测标志、照明支架、管道支架、风扇或电机支架。检查托架和支架有无腐蚀、异种金属、裂纹、卡扣和扭结。当托架/支架不与杂散电流充分绝缘时,不同的金属可能加速腐蚀。在评估截面损失时,应特别注意发生渗漏水区域的螺栓。可以用锤子敲击螺栓,但最好使用扳手检查其松紧程度。观察焊缝有无裂纹和撕裂。通过染料渗透检测可能有助于发现裂缝。

h.机械基座:检查混凝土基座是否有裂缝、分层和剥落。用锤子敲击基座,检查是否有分层混凝土,并敲击邻近区域的缺陷。检查地板是否有沉降的迹象。注意剥落物中暴露的钢筋,并记录截面损失。检查潮湿渗透、腐蚀染色、潮湿、土体开裂和风化的迹象。记录所有裂缝和分层的长度、宽度和位置。记录所有碎屑的面积、最大深度、位置以及暴露的钢筋情况。记录其他缺陷的严重程度和位置,包括水分渗透、风化和腐蚀染色等情况。

i.结构饰面:应检查瓷砖是否对过往司机构成危险,因为松动的瓷砖可能会掉到路面上。检查瓷砖的一种方法是:用橡胶锤在多个位置上敲打选定数量的瓷砖。使用刮刀可以方便地清除或检查松动的瓷砖。

(2)土木要素

①磨损面:检查磨损表面时,应检查表面的防滑性能,寻找磨损表面的沟槽或车辙。光滑或有光泽的表面或暴露的抛光骨料可能表明存在磨损。检查水是否从这些表面排出。当磨损表面没有正确排水时,它们会过早磨损,形成孔洞,并对司机的人身安全构成安全隐患。隧道坡道上的巷道表面也会受到高地下水位的影响。

对于混凝土磨损表面,应检查其是否有坑洼、裂缝、结垢和分层,寻找外露的钢筋。记录剥落物的大小、最大深度和位置,以及外露的钢筋,并识别截面损失。用锤子敲击混凝土磨损面和裂缝、分层、施工缝或伸缩缝附近的位置。记录分层混凝土的区域和位置。分层混凝土区域可能会发生剥落,对交通造成危害。检查报告中应提供裂缝总长度的估计值以及平均长度、宽度、位置和间距。

对于沥青磨损表面,应检查其是否有开裂、车轮轨迹车辙、表面不规则和坑洼。用锤子敲击沥青磨损表面,注意有无沉闷的撞击声,这可能是坑洼产生的预兆。同时,检查路面是否干燥,并验证磨耗面与路缘之间是否存在良好密封。

②交通障碍:记录所有裂缝和分层的长度、宽度和位置。记录所有剥落物的面积、最大深度、位置以及暴露的钢筋情况。记录其他缺陷的严重程度和位置,包括水分渗透、风化和腐蚀染色等情况。

③行人栏杆:应对栏杆开展全面检查。检查时,检查轨道、柱子和锚固物。检查栏杆的垂直和水平偏差、缺失或破碎的部分、冲击损坏和恶化(如裂缝或腐蚀的部分损失)。检查连接处是否有裂纹,螺栓是否松动或缺失。最常见的截面损失发生在柱子和地脚螺栓的基础上,特别是在有碎屑堆积的情况下。评估油漆或镀锌的状况。记录缺陷的位置和严重程度。

④杂项检查:虽然路缘等杂项没有专门报告给联邦住宅管理局,但最好对隧道的所有路缘和人行道、附属建筑物或附属结构进行杂项检查。这些项目应包括在书面检查程序中。

a. 路缘和人行道:路缘和人行道可保护隧道操作和维护人员,以及在紧急情况下需要疏散的用户的人身安全。

路缘通常是用混凝土建造的,检查其制动设置是否正确。不合理的对齐或突出的制动部分可能会成为安全隐患。目视检查这些元素是否有污垢或碎屑堆积,这可能会降低它们将地表径流输送到排水系统的有效性。检查路肩是否有裂缝和剥落。检查剥落区域是否有暴露的钢筋,并记录钢筋的截面损失。

对于人行道,应检查其有无裂缝、结垢、分层、剥落、绊倒危险、碎片堆积和积水。检查外露钢筋的剥落物,并报告截面损失。严重的裂缝和剥落会破坏安全通道的结构完整性。记录发现的缺陷的大小和位置。记录所有裂缝和分层的长度、宽度和位置。记录所有剥落物的面积、最大深度和位置,以及暴露的钢筋情况。记录其他缺陷的严重程度和位置,包括水分渗透、风化和腐蚀染色等情况。

b. 紧急出口:应检查每个安全通道或紧急出口上的人行道表面的质量。考虑到可能有不便于移动的人群,检查是否有上锁或无法操作的门和进入避难区域的通道。

c. 维修通道:复杂的隧道中常修建有混凝土或钢筋维修通道。按照结构材料进行相应的检查操作。

d. 机械系统:机械系统包括机械、电气和照明、消防和生命安全、安保、标志和防护系统等,其检测在此不作详细说明。

根据英国标准①的规定,主要检查应包括在接触距离内对建筑物所有可接近部分的近距离检查。主要检查应采用适当的检查技术,包括锤击检查松散的混凝土覆盖层,并反复测量锤击时嵌入混凝土覆盖层的厚度。需要注意的是,侵入式检测不是主要检查的要求,但它可以用于进一步的检查,例如在特殊检查中,根据已确定存在的缺陷来判断其是否要纳入主要检查的范畴。

【注】国内外观检测(定期检查)并未针对每项检查项目进行具体的规定,而是对所

---

①英国,《公路构筑物检验》(*Inspection of Highway Structures*)。

有项目采用的技术手段进行统一阐述,并规定了详细的检查结果记录方法。美国的外观检测(例行检查)也未对各项目进行单独规定,而是总结归纳了所采用的检查技术手段,对各种技术手段进行了明确的解释说明,相比国内更为详细具体。英国规范则是对公路检查进行了统一规定,并指出各项规定也适用于隧道检查,与中国、美国规范略有不同的是,其对各大类检测(一般检查、主要检查等)的方法进行了分别规定。

5) 裂缝检查与检测

根据《公路隧道养护技术规范》(JTG H12—2015)的规定,要对隧道洞口构造物有无开裂、洞门结构是否开裂、衬砌结构是否产生裂缝进行经常性检查;要对洞门墙身及衬砌结构裂缝的位置、宽度、长度、范围或程度进行定期检查。裂缝应采用锤子、回弹仪、超声波仪、地质雷达等进行检查。

【引】美国标准[①]对裂缝的检查与检测做出了如下规定:

①钢筋中的裂缝宽度从头发丝的粗细到足以透光的宽度不等。在钢结构构件中,任何类型的裂缝都可能是严重的。应该立即报告这些裂缝,并由工程师评估。寻找从孔洞、切口、缺口和焊接处辐射出来的裂纹。

②裂缝是混凝土在拉力超过混凝土的抗拉强度时产生的线性断裂。裂缝可能发生在养护过程中(非结构性收缩裂缝),或者由地面移动或外部荷载(结构性裂缝)引起。裂缝可能部分或完全穿过混凝土构件。裂缝可以是活跃的,也可以是休眠的。如果裂缝是活跃的,它将在测量的一段时间内在长度、宽度或深度上传播。如果裂缝是休眠的,它不会随时间而改变,然而,一些休眠的裂缝如果未得到修复,则会进一步退化,因为水分渗透到裂缝中,会导致冻融循环,从而造成额外的损害。

应观察和测量裂缝相对于结构轴线的方向。应测量并记录裂缝的位置、宽度、长度、深度和裂缝之间的间距。根据各种观察和测量结果,可以对裂缝进行分类。隧道中常见的裂缝类型有纵向裂缝、横向裂缝、纵向裂缝、对角线裂缝和随机裂缝等。

a. 横向裂缝:横向裂缝是相当直的裂缝,大致垂直于混凝土构件的跨度方向。这些裂缝在宽度、长度、深度和间距上各不相同。横向裂缝可以部分或完全穿过一个构件,如板、梁、翼缘。

b. 纵向裂缝:纵向裂缝与混凝土板或梁的跨度平行。这些裂缝在宽度、长度、深度和间距上各不相同。纵向裂缝可以部分或完全穿过一个构件,如板、梁或其他构件。

c. 水平裂缝:水平裂缝出现在墙壁和垂直构件中,但也可能存在于梁的两侧,包括钢法兰或锈蚀的钢筋。这些裂缝类似于横向裂缝。

d. 垂直裂缝:墙体和其他垂直构件可能会出现垂直裂缝。垂直裂缝类似于纵向裂缝。

---

①美国,《隧道操作、维护、检查和评估(TOMIE)手册》(*Tunnel Operations, Maintenance, Inspection, and Evaluation (TOMIE) Manual*)。

e.对角线裂缝:对角线裂缝相对于结构的中心线以大致呈对角线的角度运行,通常彼此平行,深度较浅,长度、宽度、深度和间距不同。在梁的垂直面上发现对角线裂缝时,表示存在潜在的严重开裂问题。

f.映射裂缝:这些相互连接的裂缝形成了一个网络,其大小和深度各不相同。这些裂缝常见于表面较宽的构件,如楼板和墙壁。

g.d型裂缝:d型裂缝是混凝土因骨料冻融变质而产生的裂缝。它是一种间隔很近的裂缝,由平行于纵向和横向节理的裂缝发展而来,然后从节理向外扩散到构件内部。

h.随机裂缝:随机裂缝是混凝土表面蜿蜒的不规则裂缝。它们没有特定的形式,也不属上述任何一种分类。

③当木材发生开裂时,部分裂缝可能穿过整个构件,应该检查其开裂程度。完全穿过构件的裂缝称为劈裂。应在检验报告中注明木材干燥后收缩或潮湿环境下吸水而膨胀引起的开裂。

【注】国内规范对裂缝检查和检测的仪器进行了规定,采用的具体方法在各类检查中有不同的规定。美国规范则是将裂缝分为了钢结构中的、混凝土结构中的,以及木结构中的裂缝,分别描述其采用的技术手段。

6)渗漏水检查与检测

《公路隧道养护技术规范》(JTG H12—2015)规定,根据检查的内容、要求等,将渗漏水检查分为以下两类:

①漏水简易检查:检查漏水的位置、漏水量、浑浊、冻结以及原有防(排)水设施的状况。

②当漏水可能具有劣化作用时,应对其水质进行检测。通过对漏水和流入隧道中的地表水的温度、pH值、导电度等的测定,可查明混凝土劣化的原因并大致推定漏水的流径。

【引】美国标准①对渗漏水检查与检测的相关规定如下:

①钢是不透水材料,然而当水能够穿透接缝、裂缝或孔洞时,会发生渗漏。应检查密封、垫片材料和焊缝,以确定它们是否有缺陷。

②当水通过裂缝、接缝或混凝土的其他缺陷,渗漏发生在混凝土表面的区域。检查漏水时,注意温度是很重要的影响因素。当温度低于冰点时,漏水的全部影响可能无法得知,因为冰可以掩盖泄漏的影响。对于混凝土结构在地下水位以下的部分,应仔细检查接缝处是否有漏水。

③当水通过接缝、裂缝或木材的其他缺陷时,漏水会发生在木材中。

④渗水经常发生在砌体的接缝、裂缝或其他缺陷处。风化累积可能有助于确定有频

---

①美国,《隧道操作、维护、检查和评估(TOMIE)手册》(*Tunnel Operations, Maintenance, Inspection, and Evaluation (TOMIE) Manual*)。

繁漏水的区域。

【注】国内规范对渗漏水检查和检测的仪器进行了规定,采用的具体方法在各类检查中有不同的规定。美国规范[①]则是将渗漏水检测分为了钢结构中的、混凝土结构中的、木结构中的,以及砌块砌体结构中的渗漏水检测,分别描述其采用的技术手段。

7) 隧道净空断面变形检测

根据《公路隧道养护技术规范》(JTG H12—2015)的规定,隧道开挖断面检测目前最常用的方法是极坐标法,其代表设备为隧道激光断面仪。断面仪法精度高、速度快、效率高,是一种非接触式测量方法。另外,也可采用以内模为参照物直接测量法、使用激光束的方法和使用投影机的方法,见表3.6。

表 3.6　隧道开挖断面检测方法

测定方法及采用的测定仪		测定方法概要
直接量测开挖断面方法	以内模为参照物直接测量法	以内模为参照物,用钢尺直接测量超欠挖
	使用激光束	利用激光射线在开挖面上定出基点,并由该点实测开挖断面
	使用投影机	利用投影机将基点或适当基本形状投影在开挖面上,然后据此实测开挖断面
非接触观测法	极坐标法(断面仪法)	以某物理方向(如水平方向)为起算方向,按一定间距(角度或距离)依次测定仪器旋转中心与实际开挖轮廓线交点之间的矢径(距离)及该矢径与水平方向的夹角,将这些矢径端点依次相连即可获得实际开挖的轮廓线

【注】国内规范对隧道净空断面变形检测的技术手段、采用仪器、测定方法概要进行了十分详细的规定;国外规范未对隧道净空断面变形检测的技术手段进行规定。

8) 材质检查

材质检查主要分为衬砌强度检查和结构材质检查。

(1)衬砌强度检查

初砌强度检查主要检查内容为强度简易测定、钻孔取芯、各种强度试验等。对于衬砌混凝土材质的状况,可通过目测或铁锤敲击等方法进行诊断,这能在一定程度上了解其劣化的状况。对于衬砌材质劣化等破损的检查,主要从结构物的功能和行车安全性的

---

①美国,《隧道操作、维护、检查和评估(TOMIE)手册》(*Tunnel Operations, Maintenance, Inspection, and Evaluation (TOMIE) Manual*)。

角度进行基本判定。因此,以衬砌混凝土的强度要求和混凝土有无剥落作为判定因素。对于钢筋混凝土结构物等,还应从钢材腐蚀的角度进行附加判定。对于衬砌混凝土的起层、剥落,从确保行车安全的角度出发,其判定标准与外荷载作用时的判定标准一致。除发生火灾等异常情况外,材质劣化的速度与外荷载作用产生的变化相比一般比较缓慢,通过采取适当的措施,有可能防止或抑制劣化的发展。

(2)结构材质检查

结构材质检查主要是对衬砌混凝土强度进行检测,目的在于掌握衬砌混凝土材质的劣化和强度变化,要准确掌握衬砌材料劣化状况,可取其试件进行检测试验,包括单轴压缩试验、超声波传播速度检测、单位体积重量试验、单轴拉伸试验等。

【引】根据美国标准[1]的规定,结构由钢材、混凝土、木材和砖石等材料组成。混凝土现场测试方法包括强度法、声波法、超声波法、磁性方法、电学法、核方法、热成像法、雷达法、射线照相法和内窥镜法。钢材检测方法包括射线照相、磁粉检测、涡流检测、染料渗透检测、超声波检测等。木材实地检验方法包括穿透法、电法和超声波检查。在检测重要结构元件时,应该将检测结果与历史记录做对比,这有助于在测量构件性能的同时发现构件存在的潜在问题。

除目测检查外,还应定期用锤子敲击结构构件,以帮助识别结构表面下可能无法通过目测发现的隐藏缺陷。用锤子敲击结构表面后,通常会产生相当明显的声音。清晰的撞击声一般表明在地表以下结构质量合格。相反,沉闷的撞击声或中空的声音通常表明表面以下的材料可能存在缺陷。

某一区域的混凝土发出沉闷的声音可能意味着分层的存在,随后还可能会剥落。木材中空的声音可能表明这种材料已经严重腐烂。钢材发出的沉闷的撞击声可能意味着严重的腐蚀;如果是薄构件,这种声音可能表明钢构件没有紧固或安装牢固。一旦检测到沉闷的撞击声,应进一步检测材料表面,以确定缺陷影响区域的范围。

常见结构材料(如钢、混凝土、木材和砖石)的一般检测技术如下:

(1)钢结构

钢结构易受腐蚀、裂缝、卡扣和扭结的影响,也可能存在其他缺陷,如漏水和保护系统故障。

①腐蚀:锈蚀钢的颜色从深红到深棕色不等。最初,腐蚀是细粒度的,但随着腐蚀的发展,它逐渐变成片状或鳞片状。最终,腐蚀会在构件中引起点蚀。应注意所有腐蚀区域的位置、特征和范围。应测量严重点蚀的深度。应记录由腐蚀引起的穿孔尺寸以及剩余的构件截面。

②裂缝:钢材中的裂缝从发际线的厚度到足以透光的宽度不等。在钢结构构件中,

---

[1]美国,《隧道操作、维护、检查和评估(TOMIE)手册》(*Tunnel Operations, Maintenance, Inspection, and Evaluation (TOMIE) Manual*)。

任何类型的裂缝都可能是严重的。应该立即报告这些裂缝，并由工程师评估。注意有无从孔洞、切口、缺口和焊接处辐射出来的裂缝。

③弯折和扭结：弯折和扭结主要是由于热应变、过载或其他载荷组合造成的破坏或屈服造成的，如碰撞损伤、火灾损伤或土壤相互作用。

④漏水：钢材是不透水材料，然而当水能够穿透接缝、裂缝或孔洞时，会发生漏水。应检查密封、垫片材料和焊缝，以确定它们是否有缺陷。

⑤保护系统：通常用油漆或镀锌来保护钢材，也可使用耐候钢。油漆系统会因剥落、开裂、腐蚀和过度粉化而失效。镀锌通常是在装有熔融锌的釜或大桶中进行的，钢中的铁与熔融锌发生反应，产成紧密结合的合金涂层。剥落和开裂是常见的缺陷。

（2）混凝土结构

常见的混凝土缺陷包括结垢、开裂、分层、剥落、爆裂、泥球、起泡、染色和蜂窝状等。这些缺陷可能会导致漏水，对暴露的钢筋产生不利影响。

①结垢：结垢是硬化混凝土表面局部剥落或完全剥落，它与砂浆和骨料的持续损耗有关。当表面以下的粗骨料暴露不明显时，一般认为结垢程度较轻；当粗骨料暴露明显时，一般认为结垢程度严重。

②开裂：有关裂缝的详细内容详见 3.2.1 节"裂缝检查和检测"部分。

③分层：随着混凝土变硬，结构表面以下的水和空气会发展产生空隙。这种情况经常发生在由于过早使用抹刀而使溢流水被困在地表以下时，这降低了地表的渗透性。此类空隙在结构表面以下形成了脆弱的区域，最终会分离并导致混凝土剥落。当使用锤子敲击有分层的混凝土表面时，会产生空心的声音，应确定并记录分层区域的范围。

④剥落：剥落是硬化的混凝土碎片脱落并在混凝土表面留下浅的，大致为圆形或椭圆形的凹陷。通常，凹陷边缘的切割大致垂直于表面；底部与表面平行，或者稍微倾斜。分层混凝土容易发生剥落。在剥落严重的地方也可能露出钢筋。应记录剥落区域的位置、宽度、长度和深度，并注意暴露的钢筋。

⑤联合碎裂：联合碎裂是沿施工缝方向膨胀或收缩引起的凹陷。该缺陷应按上述方法检查混凝土的剥落情况。

⑥剥离：形成圆锥形的碎片会在混凝土表面裂开，留下一个小洞。在这个洞的底部，经常会发现一个破碎的骨料颗粒黏附在弹出的锥形的小末端。

⑦泥球：泥球是由于黏土或软页岩颗粒在混凝土混合物中溶解而在表面形成的。

⑧风化：风化是在混凝土表面形成的一种水溶性氢氧化钙沉积。它通常是白色的，能从混凝土溶液材料中结晶成盐。风化也可能是由地下水或除冰盐中的污染物而产生。盐类晶状体钟乳石可在严重风化的隧道顶部形成。

⑨染色：染色是指混凝土表面的变色，起因是溶解的材料通过裂缝，随着水的出现和蒸发，这些材料重新沉积在表面。染色可以呈多种颜色，棕色染色通常表明混凝土里面的钢筋发生了腐蚀。

⑩蜂窝：当砂浆没有完全填充粗骨料颗粒之间的空隙时，混凝土就会产生蜂窝。由于骨料的形状是可见的，它使混凝土呈现蜂窝状外观。

⑪渗水:详见本书3.2.1节"渗漏水检查与检测"部分。

(3)木结构

①衰变:霉菌、污渍、软腐(最不严重)和棕色或白色腐烂(最严重)是导致木材料腐烂的常见类型。随着腐烂程度的加剧,木材可能会变色和变软,且可能发生截面损失。在检查报告中应始终注意记录衰减量和截面损耗。

②昆虫侵扰:应在检查记录中注明是否有昆虫侵扰,如果知道昆虫的种类,应记录下来。昆虫可被放置在容器中或拍摄照片以供日后鉴定。应注意木材上或周围的锯屑或粉状灰尘,这可能表明有啃噬木头的昆虫存在。昆虫土堆的照片可以用来记录昆虫侵扰破坏的程度。

③开裂/分割:当木材发生开裂时,部分裂缝可能穿过整个构件,应该检查其开裂程度。完全穿过构件的裂缝称为劈裂。应在检验报告中注明木材干燥后收缩或在潮湿环境中吸水膨胀引起的劈裂。

④火灾损失:对于大多数木结构,火灾损害很容易评估,但这可能是一个耗时的过程。确定火灾受损程度的最好方法是凿掉烧焦的残留物,然后测量未受损木材中剩余的部分。多个构件固定在一起时,其受火灾的影响最大,造成的损失最多。

⑤空心区:木材的中空区域通常表明木材内部已经严重腐烂,或者有啃噬木材的昆虫存在。检查报告中应注明空心区,以显示空心区的大小、位置和损坏程度。

⑥渗水:渗水发生在木材中,当水通过接缝、裂缝或其他缺陷时,易引起危害。

(4)砌块砌体结构

①砌筑块材:检查砌体结构是否有移位、开裂、破碎、压碎或缺失的单元。

②砂浆:检查砂浆,确保其在接缝处与砌体单元有效黏结。注意有无裂缝、变质或丢失的砂浆。

③形状:砌体拱易受压缩影响,其墙壁上的凸起或其他形状的变形可能表明其处在有张性裂缝的不稳定状态。

④对齐:目视检查砌体的垂直和水平方向是否对齐,也可借助垂直起重仪和激光束。

⑤渗水:渗水经常发生在砌体的接缝、裂缝或其他缺陷处。

【注】国内规范未对运营隧道的材质检测进行规定;美国规范则十分详细地列出了对钢结构、混凝土结构、木结构、砌块砌体结构的各项具体检测项目的技术手段。

9)衬砌检测

衬砌检查的目的在于查明衬砌混凝土厚度及其背后围岩状况,分析混凝土劣化的原因,并提供治理设计所需的资料。

(1)无损检查

土建结构的无损检测一般通过敲击、超声波、电磁波等方式进行。

①敲击法:通过测量敲击声的强度、频率音质等判断结构有无异常情况。此方法在衬砌厚度、拱背空洞、剥离以及混凝土劣化等检查中应用效果较好。

②超声波法:通过测量超声波的反射行程时间,计算得到衬砌厚度,根据其传播速度

可推算混凝土的强度和劣化状态。

③电磁波法：将高频电磁波（频率的数量级从 MHz 到 GHz）由衬砌表面向混凝土发射，接收反射回来的电磁波，经过对电磁波的处理、分析，从而获得衬砌厚度、拱背空洞等信息。

（2）钻孔观察

通过钻孔直接观察和测定衬砌厚度、空洞深度和墙背地质状况等，检查方法包括利用内窥镜插入钻孔观察结构内部状况、利用钻孔获取材料进行试验等。

①钻孔取芯：检查衬砌厚度、拱背空洞和地质状况时，钻孔深度一般为从衬砌表面到岩体内 1 m。当为了制订处治对策，必须掌握隧道围岩的地质状况和进行有关物理试验时，钻孔深度可为 3～10 m，此时需使用较大型的钻孔机械。

②钻孔完成后，可将内窥式观察镜插入钻孔中，观察衬砌内部状况、衬砌背面空洞和围岩地质状况等，并可连接摄像机记录结构实际面貌。

【引】美国标准①对衬砌检测的相关规定如下：

（1）钢衬垫

如果隧道衬垫中安装有钢构件，则应采用钢结构材料的方法进行检查。

（2）混凝土衬砌和喷射混凝土

对于混凝土衬垫，应使用混凝土材料的方法进行检查。

（3）建筑表面处理

许多混凝土隧道衬砌都采用建筑表面处理，如瓷砖或金属板。在检查这些表面时，建议用锤子敲击混凝土基材或用橡胶锤敲击瓷砖表面。建筑表面检查应在整个隧道的多个位置进行，并且应在已知缺陷附近进行，或者在怀疑有缺陷的区域进行。当探测到空心区域时，应确定该区域的范围。

在记录碎片时，应注意碎片的大小、最大深度和位置。如有露出钢筋，应注意截面剩余量，同时记录截面损失的百分比。在检查裂缝时，应记录裂缝的长度、宽度、深度和位置。应注意有湿气或腐蚀痕迹的裂缝。

目视检查裂缝是否潮湿、渗漏、腐蚀、染色和风化。检查时，以每分钟滴数记录有效泄漏量或估计连续流量。

（4）管片

在检查预制隧道管片时，对混凝土应使用前面讨论的方法进行检查。应检查预制混凝土衬垫的接缝是否有裂缝和漏水。也应该检查隧道管片的连接件，如端板、螺栓和垫片。

预制混凝土衬垫上的连接螺栓可能会由于隧道内潮湿条件而变色，但是变色不会降低螺栓的承载能力。要特别注意漏水区域的螺栓，检查是否有截面损失。如果观察到截面损失，则应在检查报告中注明。

应将截面形状与图纸中显示的形状进行比较，以评估截面可能的变化。

---

①美国，《隧道操作、维护、检查和评估（TOMIE）手册》（*Tunnel Operations, Maintenance, Inspection, and Evaluation (TOMIE) Manual*）。

（5）木材衬垫

应使用木材材料下描述的方法检查木材衬垫。

（6）砌体衬垫

应使用砌体材料的方法检查砌体衬垫。

（7）坚硬岩石中的无衬砌隧道

岩石膨胀螺栓常用于此种隧道。木材、钢板或喷射混凝土也可用于无衬砌隧道的有限区域，以防岩石落在巷道上。无衬砌隧道由具有承载能力的岩石自行支撑。

检查无衬砌隧道时，应找出可能对安全及稳定造成威胁或对维修交通造成干扰的岩体缺陷。应通过预先确定的间隔（大约 200 ft）测量并监测隧道的横截面形状，以了解潜在的变化。弹簧线与垂直侧壁之间的距离也应在特定点进行测量，这些位置应该被永久标记。

法国标准①对衬砌检测的相关规定如下：

（1）非钢筋混凝土衬砌

表 3.7　非钢筋混凝土衬砌病理及其演变鉴定

病理及其演变的鉴定
诱发病理
与侵蚀性水有关的化学反应，由于混凝土具有渗透性，这种反应更加有害； 地形作用迅速形成裂缝或剥落，这可能揭示结构的变形方式； 冲击脆化或断裂
风险
风化混凝土部件或碎屑剥落； 拱顶局部破裂
趋势
诱导病理发展的进程通常较缓慢，但如果没有及时监测并确定不稳定因素，则可能突然诱发危害，另外，修理不当也会造成新的危害
补充调查
应变测量（裂纹测量、收敛、水平测量）； 测量衬砌和支撑材料的厚度（雷达、冲击回声和破坏性检查）； 轮廓测量； 勘查钻探、内窥式观察镜观察； 应力测量（盲孔法检测）； 试验室测试（混凝土力学性能检测）
最终诊断
分析

---

① 法国，《公路隧道土木工程检验指南》（*Guide d'inspection en génie civil des tunnels routiers*）。

续表

病理及其演变的鉴定
介绍已查明的病害产生原因、发展速度和相关风险; 说明导致病害产生的主要因素

补救措施
对某些轻微损耗(冻结区、环间接头的损耗等)进行局部修复,对发生化学变质的旧混凝土的整个涂层进行处理,对破裂的路面进行加固

(2)钢筋混凝土衬砌

表 3.8　钢筋混凝土衬砌病理及其演变鉴定

预诊断
原点不利参数; 在检查过程中没有考虑到不断变化的地形

起源病理
钢筋高模板太近(现浇混凝土); 鹅卵石窝和其他混凝土缺陷; 混凝土经受冻融; 与密封片有关的问题; 局部维修或原有维修保养不良

病理及其演变的鉴定
诱发病理
钢筋腐蚀和混凝土开裂; 冲击脆化或断裂; 保护层脱落; 与侵蚀性水有关的化学反应,由于混凝土具有渗透性,这种反应更加有害,地形作用迅速形成裂缝或剥落,这可能揭示结构的变形方式
风险
路面上混凝土破坏,衬砌碎片掉落
趋势
诱导病理的发展(如果监测得当,可预见其发展趋势),但修理不当易造成新的损害
补充调查

续表

预诊断
应变测量(裂纹测量、收敛测量、水平测量、轮廓测量); 测量涂层及碳化深度; 测量钢筋的腐蚀; 试验室测试(混凝土力学性能检测)
最终诊断
分析
介绍已查明的病害产生原因、发展速度和相关风险; 说明导致病害产生的主要因素
补救措施
清除混凝土碎屑; 加固; 整修; 对某些轻微损耗(冻结区、环间接头的损耗等)进行局部修复

【注】国内规范对运营隧道的衬砌检测技术手段未进行单独规定,而是在各检测类别中对涉及衬砌的部分进行规定。与国内规范不同,国外规范针对不同材质的衬砌检测技术手段进行了单独规定。美国规范十分详细地列出了对各类材质衬砌的检测技术手段;法国规范列出了对各类材质衬砌的病理叙述、诱发原因以及进一步的检测方法。

10) 荷载状况检测

见3.2.1节"运营通风检测""外观检测(定期检查)"中的荷载状况检测部分,在此不再单独说明。

【注】国内规范对运营隧道的荷载状况检测技术手段未进行单独规定,而是在各检测类别中对涉及荷载状况检测的部分进行规定。国外规范并未对荷载状况检测进行规定。

3.2.2　检测成果判定标准

1) 运营通风检测

【注】国内外规范对通风的判定标准都没有明确的规定。

2) 运营照明检测

【注】国内外规范对照明的判定标准都没有明确的规定。

3）外观检测（经常检查）

根据《公路隧道养护技术规范》（JTG H12—2015）的规定，经常检查以定性判断为主，检查内容和判定标准宜按表3.9执行。经常检查破损状况判定分为3种情况：情况正常、一般异常、严重异常。

表3.9　经常检查内容和判定标准

项目名称	检查内容	判定描述	
		一般异常	严重异常
洞口	边（仰）坡有无危石、积水、积雪；洞口有无挂冰；边沟有无淤塞；构造物有无开裂、倾斜、沉陷等	存在落石、积水、积雪隐患；洞口局部挂冰；构造物局部开裂、倾斜、沉陷，有妨碍交通的可能	坡顶落石、积水漫流或积雪崩塌；洞口挂冰掉落路面；构造物因开裂、倾斜或沉陷而致剥落或失稳；边沟淤塞，已妨碍交通
洞门	结构开裂、倾斜、沉陷、错台、起层、剥落；渗漏水（挂冰）	侧墙出现起层、剥落；存在渗漏水或结冰，尚未妨碍交通	拱部及其附近部位出现剥落；存在喷水或挂冰等，已妨碍交通
衬砌	结构裂缝、错台、起层、剥落	衬砌起层，且侧壁出现剥落状况，尚未妨碍交通，将来可能构成危险	衬砌起层，且拱部出现剥落状况，已妨碍交通
	渗漏水	存在渗漏水，尚未妨碍交通	大面积渗水，已妨碍交通
	挂冰、冰柱	存在结冰现象，尚未妨碍交通	拱部挂冰，形成冰柱，已妨碍交通
路面	落物、油污、滞水或结冰；路面拱起、坑槽、开裂、错台等	存在落物、滞水、结冰、裂缝等，尚未妨碍交通	拱部落物，存在大面积路面滞水、结冰或裂缝，已妨碍交通
检修道	结构破损；盖板缺损；栏杆变形、损坏	栏杆变形、损坏；盖板缺损；结构破损，尚未妨碍交通	栏杆局部毁坏或侵入建筑限界；道路结构破损，已妨碍交通
排水设施	缺损、堵塞、积水、结冰	存在缺损、积水或结冰，尚未妨碍交通	沟管堵塞，积水漫流，结冰，设施缺损严重，已妨碍交通
吊顶及各种预埋件	变形、缺损、漏水（挂冰）	存在缺损、漏水，尚未妨碍交通	缺损严重，或从吊顶板漏水严重，已妨碍交通
内装饰	脏污、变形、缺损	存在缺损、尚未妨碍交通	缺损严重，已妨碍交通
标志、标线、轮廓标	是否完好	存在脏污、部分缺失，可能会影响交通安全	基本缺失或严重缺失，影响行车安全

当经常检查中发现隧道存在一般异常情况时,应进行监视、观测或做进一步检查;当经常检查中发现隧道存在严重异常情况时,应采取措施进行治理;当对其产生原因及详细情况不明时,尚应做定期检查或专项检查。

【引】美国标准[1]未明确规定对运营期检测各项目的成果判定标准,但外观检测(经常检查)的部分内容如裂缝检测、渗漏水检测的成果判定标准详见3.2.2节"裂缝检查与检测""渗漏水检查与检测"。

【注】国内规范规定的外观检测(经常检查)的判定分为情况正常、一般异常、严重异常,以定性描述为标准进行判定。国外规范并未明确规定对运营期检测各项目的成果判定标准,但详细列出了外观检测(经常检查)的部分内容,如裂缝检测、渗漏水检测的成果判定标准。

4) 外观检测(定期检查)

根据《公路隧道养护技术规范》(JTG H12—2015)的规定:

①检查结果应当场填入"定期检查记录表",将检查数据及病害绘入"隧道展示图",发现评定状况值为2以上的情况,应做影像记录,并详细、准确地记录缺损或病害状况,分析成因,对结构物的技术状况进行评定。

②当定期检查中出现状况值为3或4的项目,且其产生原因及详细情况不明时,应做专项检查。

【引】美国标准[1]未明确规定对运营期检测各项目的成果判定标准,但外观检测(定期检查)的部分内容可详见3.2.2节"裂缝检查与检测""渗漏水检查与检测"。

【注】国内规范规定的外观检测(定期检查)的判定分为情况正常、一般异常、严重异常,以定性描述为标准进行判定。国外规范并未明确规定对运营期检测各项目的成果判定标准,但详细列出了外观检测(定期检查)的部分内容,如裂缝检测、渗漏水检测的成果判定标准。

5) 裂缝检查与检测

《公路隧道养护技术规范》(JTG H12—2015)对常规检查中的裂缝检查与检测的规定如下:

①一般异常:衬砌起层,且侧壁出现剥落状况,尚未妨碍交通,将来可能构成危险。

②严重异常:衬砌起层,且拱部出现剥落状况,已妨碍交通。

定期检查、专项检查中未列出判定标准。

【引】美国标准[1]对裂缝检查与检测的判定有如下规定:

(1)混凝土结构裂缝

①非预应力构件上的裂缝可分为以下3类:

---

①美国,《隧道操作、维护、检查和评估(TOMIE)手册》(*Tunnel Operations, Maintenance, Inspection, and Evaluation (TOMIE) Manual*)。

轻度——最大为 0.80 mm(0.03 in);

中度——在 0.80 mm(0.03 in)和 3.20 mm(0.125 in)之间;

严重——超过 3.20 mm(0.125 in)。

②预应力构件中超过 0.10 mm(0.003 in)的裂缝应被列为严重裂缝。小于等于 0.10 mm(0.003 in)的裂缝应被列为中等裂缝。

(2)钢结构裂缝

钢材上的裂缝可能有从头发丝厚度直至光线能够通过构件的宽度。任何类型的裂缝都是严重的,应立即报告。寻找从切口、槽口和焊缝辐射出来的裂缝。钢材中的所有裂缝都被归为严重裂缝。

(3)木结构的裂缝

当木材发生开裂时,部分裂缝可能穿过整个构件,这是由于木材的干燥或季节性的收缩造成的,应该检查所有裂缝的开裂程度。木结构中的裂缝可分为以下 3 类:

轻度——垂直于应力平面的穿透率小于15%且平行于应力平面的穿透率小于40%;

中度——垂直于应力平面的穿透率小于15%,或平行于应力平面的穿透率小于40%;

严重——垂直于受力平面的表面检查穿透率大于15%,或平行于应力平面的裂缝检查大于40%。

【注】对于裂缝检查与检测,国内规范以定性描述为标准将其分为一般异常和严重异常;国外规范①则是对不同材质结构上出现的裂缝进行了明确规定,以具体数值为标准划分为轻度、中度、严重三类。

6) 渗漏水检查与检测

《公路隧道养护技术规范》(JTG H12—2015)对经常检查中的渗漏水检查与检测的规定如下:

①一般异常:存在渗漏水,尚未妨碍交通。

②严重异常:大面积渗漏水,已妨碍交通。

定期检查、专项检查中未列出判定标准。

【引】美国标准①对渗漏水检查与检测的判定有如下规定:

(1)混凝土结构

轻度——混凝土表面是湿的(无滴水);

中度——活跃的流速低于 30 滴/min;

严重——活跃的流量超过 30 滴/min。

(2)钢结构

轻度——钢铁表面是湿的(无滴水);

中度——活跃的流速低于 30 滴/min;

---

①美国,《隧道操作、维护、检查和评估(TOMIE)手册》(*Tunnel Operations*, *Maintenance*, *Inspection*, *and Evaluation* (*TOMIE*) *Manual*)。

严重——活跃的流量超过 30 滴/min。

（3）砖石结构

轻度——砖石表面是湿的（无滴水）；

中度——活跃的流速低于 30 滴/min；

严重——活跃的流量超过 30 滴/min。

（4）木材结构

轻度——木材表面是湿的（无滴水）；

中度——活跃的流速低于 30 滴/min；

严重——活跃的流量超过 30 滴/min。

【注】对于渗漏水检查与检测，国内以定性描述为标准将其分为一般异常和严重异常；国外规范[①]则是对不同材质结构上出现的渗漏水情况进行了明确规定，以具体数值为标准划分为轻度、中度、严重三类。

7）隧道净空断面变形检测

【注】国内对隧道净空断面变形检测的成果判定标准无规定，国外不对隧道净空断面变形进行检测。

8）材质检测

国内规范未对材质检测进行单独规定。

【引】美国标准[①]对材质检测的判定有如下规定：

（1）混凝土结构

①收缩：混凝土结构收缩的规模分为小规模、中等规模、大规模。

小规模——表面砂浆损失达 6 mm（0.25 in），粗骨料的表面暴露；

中等规模——表面砂浆损失为 6~25 mm（0.25~1 in），粗骨料之间有一些砂浆损失；

大规模——表面砂浆损失达到 25 mm（1 in）以上。

②裂缝：见 3.2.2 节"裂缝检查与检测"。

③剥落：剥落程度分为轻型、中等、严重。

轻型——深度小于 12 mm（0.5 in）或直径为 75 mm（3 in）至 150 mm（6 in）；

中等——深度为 12~25 mm（0.5~1 in），或直径约 150 mm（6 in）；

严重——深度超过 25 mm（1 in），直径超过 150 mm（6 in），且有钢筋暴露。

---

①美国，《隧道操作、维护、检查和评估（TOMIE）手册》（*Tunnel Operations, Maintenance, Inspection, and Evaluation* (*TOMIE*) *Manual*）。

④联合剥落：这是一种沿着收缩缝或施工缝延伸造成的凹陷。这种缺陷应按上文所述进行分类。

⑤弹出式小孔：弹出式小孔分为轻度、中度、严重三类。

轻度——留下直径不超过 10 mm(0.4 in)的孔；

中度——留下直径为 10～50 mm(0.4～2.0 in)的孔；

严重——留下直径为 50～75 mm(2.0～3.0 in)的孔。

直径大于 75 mm(3 in)的弹出孔为剥落孔。

⑥泥球：泥球是由于黏土球或软页岩颗粒的溶解而在表面留下的小孔。其分类方法应与弹出式小孔的分类方法相同。

⑦风化：风化是从水泥浆中浸出的碳酸钙和其他重新结晶的碳酸盐和氯化物的组合，常形成于混凝土表面。

⑧染色：染色可以具有多种颜色，棕色的染色可能标志着底层钢筋发生腐蚀。

⑨中空区域：这是混凝土表面的一个区域，用锤子敲击时会产生空洞的声音。它通常被称为分层混凝土。

⑩蜂窝状：常见于混凝土表面，起因是在最初的施工中没有完全填满混凝土，骨料的形状清晰可见，缺陷呈蜂窝状。

⑪渗漏水：见 3.2.2 节"渗漏水检查与检测"。

（2）钢结构

①腐蚀：腐蚀程度分为轻微、中度、严重。

轻微——轻微的、松散的腐蚀形成的点状油漆表面；

中度——形成较松散的腐蚀，有鳞片状或褶皱形成，可以看出有明显的腐蚀区域；

严重——严重的、分层的腐蚀或金属表面有点状腐蚀痕迹，这种腐蚀情况最终会导致钢材截面损失，一般发生在有水渗入的位置。

②裂缝：见 3.2.2 节"裂缝检查与检测"。

③弯曲和扭结：其形成主要是由于热应变、过载或附加负载条件引起的损坏。后一种情况产生的原因有：相邻构件或组件的失效或屈服、竖立或碰撞损坏。

④渗漏水：见 3.2.2 节"渗漏水检查与检测"。

⑤保护系统：保护系统的损坏程度分为轻度、中度、严重。

轻度——保护系统普遍有恶化的迹象，但尚未出现腐蚀；

中度——保护状况普遍不佳，有腐蚀现象，但不严重（无截面损失）；

严重——保护系统已经失效，有广泛的腐蚀或截面损失。

（3）砖石结构

①单个砖石：应检查各个石块、砖块或砌块是否有移位、开裂、碎裂或丢失。对于某些类型的砖石，也可能会发生表面退化或风化。

轻度——孤立的点的表面恶化，轻微开裂；

中度——砖石单元轻微错位，表面大面积结垢；

严重——个别砖石明显移位或缺失。

②砂浆：砂浆的劣化程度分为轻度、中度、严重。

轻度——在个别地方有浅层灰泥劣化;

中度——砂浆普遍变质,松动,或在个别地方缺少砂浆,渗透性污渍明显;

严重——有大面积的砂浆缺失,或因渗透导致隧道错位。

③形状:砖石拱门主要用于承压。弧度变平,墙体隆起,或产生其他形状的变形,这可能表明土体条件不稳定。

④统一尺寸:应目测检查隧道的垂直和水平排列。

⑤渗漏水:见3.2.2节"渗漏水检查与检测"。

（4）木材结构

①腐烂:腐烂程度分为轻度、中度、严重。

轻度——木材变色,有霉菌或污点存在;

中度——木材表面变软,截面损失小于15%;

严重——存在褐色或白色腐烂,截面损失超过15%。

②昆虫侵害:注意有无昆虫侵扰,如果知道昆虫类型,应做好记录。木材构件上或周围的锯末或粉尘也可能表明有昆虫存在,应予以注意。白蚁和木匠蚁是导致木材老化的常见昆虫类型。

③裂缝:见3.2.2节"裂缝检查与检测"。

④火灾损失:火灾损失等级分为轻度、中度、严重。

轻度——表面呈黑色或烧焦状,没有明显的截面损失;

中度——截面损失小于15%;

严重——截面损失大于15%。

⑤中空区域:中空区域表明木材内部已经严重腐烂或存在昆虫侵害。注意中空区域的大小和位置。

⑥渗漏水:渗漏水的程度分为轻度、中度、严重。

轻度——木材表面是湿的(无滴水);

中度——活跃的流速低于30滴/min;

严重——活跃的流量超过30滴/min。

【注】国内规范未对运营隧道的材质检测进行规定;美国规范[①]则十分详细地列出了对钢结构、混凝土结构、木结构、砌块砌体结构的各项具体检测项目的成果判定标准,且以明确的数值为标准划分为轻度、中度、严重三个类别。

9) 衬砌检测

国内规范未对衬砌检测进行单独规定。

【引】美国标准[①]对衬砌检测的判定有如下规定:

（1）覆盖混凝土的箱形隧道和混凝土/喷射混凝土内衬

对于一些公路隧道和轨道交通隧道的站区,混凝土/喷射混凝土表面可以用另一种

---

①美国,《隧道操作、维护、检查和评估(TOMIE)手册》(*Tunnel Operations, Maintenance, Inspection, and Evaluation* (*TOMIE*) *Manual*)。

饰面材料覆盖。对于瓷砖和环氧树脂饰面,要根据饰面材料的裂缝和渗漏情况,对底层混凝土表面的总体状况进行评估,并评定等级。

除了上述对潜在缺陷的描述外,还应根据表3.10对混凝土/喷射混凝土构件进行评级。

检查员在评估被检查路段的整体状况等级时,需要使用良好的工程判断。虽然表3.10中提出的具体准则是一个很好的工具,可以确保不同检查员之间评价的一致性,但是部分缺陷可能无法用上述分类标准判别。例如,如果混凝土隧道没有出现分层、剥落以及钢筋暴露的情况,但是出现了许多裂缝,检查员也会把此部分评为"不良部分",因为只有进行相应的维修才能保证此部分结构的安全性。

(2)软土隧道衬砌

预制混凝土衬板的两端可能会装有一个横跨整个衬板宽度的嵌入式钢板,两者通过带有螺栓的钢板插件固定。嵌入钢板的状况与预制衬垫是一样的,因此应检查其腐蚀程度。

混凝土、钢和铸铁衬垫的连接螺栓可能会因为隧道内的湿气和湿度条件而变色,变色不会降低螺栓的承载能力。应特别注意漏水区域的螺栓,以确保没有产生不利的截面损失。如果观察到截面损失,应注意更换这些螺栓。

应观察隧道在径向土压力的作用下横截面形状变化是否均匀。应使用弹簧线在衬砌内侧面上每隔约60 m(200 in)进行一次测量。对于轨道交通隧道,应从隧道顶板的底部到轨道的顶部进行监测;对于公路隧道,应从隧道顶板的底部到人行道的顶部进行监测。应使用黄色油漆标记测量位置。

(3)岩石隧道衬砌

岩石隧道衬砌包括现浇混凝土和喷射混凝土衬垫。

隧道衬砌在路基板或轨道内侧板上的整个暴露部分应按照3.2.1.9所述的典型混凝土缺陷进行检查。此外,一般应观察衬砌的横截面形状是否均匀。使用弹簧线在垂直侧壁的方向,从隧道中心线的顶板底部到公路隧道的人行道顶部或轨道交通隧道的轨道顶部进行横截面变化的监测,每隔大约60 m(200 in)进行测量。应使用黄色油漆标记测量位置。

岩石隧道、混凝土/喷射混凝土衬里的评级是基于表3.10中的劣化程度的评级表和描述进行的。

(4)木材衬砌

木质衬垫的外露部分应依照3.2.1.9中描述的典型木质缺陷进行检查。木质衬垫的评级是基于表3.9中关于老化程度的评级进行的。

表3.10　衬砌内部缺陷

评价分数	总体测试	混凝土衬砌	软土隧道衬砌	岩石隧道衬砌	木材衬垫
9	新建建筑				
8	状态良好，未发现明显缺陷				
7	状态良好。仅有个别缺陷，不存在分层或剥落现象	状态良好。仅有个别缺陷，不存在剥落现象	状态良好，无须修理。有个别轻微的小缺陷。衬砌预制混凝土和喷射混凝土没有裂缝，只有间隔超过3 m(10 ft)的轻微的密封螺栓变色，衬里之间的密封的渗漏	状态良好。混凝土衬砌和喷射混凝土在大于3 m(10 ft)的间隔内含有轻微的裂缝	状态良好。不需要修理，木材个别地方有轻微的裂缝，木材个别有轻微腐烂
6	介于"5"和"7"之间评分				
5	状况尚可。需要少量维修，存在孤立的严重缺陷，但没有明显的变形缺陷	状态尚可。需要进行少量的维修，混凝土功能完好，混凝土构件含有中等程度的裂缝，缝存在轻微的分层、剥落，无钢筋暴露	状况尚可。需要进行小规模维修，钢制混凝土、砖石衬里有许多小缺陷，砖表面被腐蚀，但没有明显的面积损失，预制混凝土中等程度的剥落和两个以上的小裂缝。砖石在1.5 m(5 ft)和3 m(10 ft)的间隔内有中等裂缝，连接螺栓以单个每两的间隔的中等裂缝(每个衬垫不超过一个)需要更换或重新凝固	状况尚可。需要进行小规模的修理，但功能完好，混凝土/混凝土衬垫在1.5 m(5 ft)到3 m(10 ft)的间隔内含有中度裂缝，不超过一条纵向的中度微裂缝，存在轻微的分层剥落有钢筋暴露	状况尚可。需要小修，表现出许多轻微的缺陷和中度腐烂，有中度渗漏
4	介于"3"和"5"之间评分				

续表

评价分数	总体测试	混凝土衬砌	软土隧道衬垫	岩石隧道衬垫	木材衬垫
3	状况不佳。需要进行大修，而且结构不能按照最初的设计运作，存在严重的缺陷	混凝土构件含有大量的中度裂缝，并伴有严重的渗漏和染色，大量的混凝土表面存在严重剥落，并有部分钢筋外露	预制钢和铁制的内衬无件表现出大量的严重裂缝，尽管仍保留一定程度的设计承载能力，并有大范围的渗漏，砌体含有大量的渗漏点，砌体含有分层，轻微错位，以及砌浆的混凝土松动或缺失。在个别衬砌段之间甚至发生严重的渗漏，连接螺栓老化，强度损失高达15%，在个别地方出现松动或预应力下降现象	状况不佳。需要进行大修，喷射混凝土衬里有纵向和横向裂缝，大量的很多渗漏有污点，并砌表面有50%的分层和剥落，并有部分钢筋外露	衬垫元件有许多中度缺陷，包括腐烂，裂纹和超过50%的衬垫面积的泄露
2	状况严重。需要立即进行重大维修，以保护结构	状况严重。需要立即进行重大维修，混凝土构件包含大量的严重裂缝，分层的严重剥落和渗漏，裸露的钢筋面积高达40%	状况严重。需要立即进行重大维修，以满足其原有设计功能。衬垫有广泛的严重材料老化，并有严重的缺陷，如果不立即修复，这些构件就不能再支撑设计载荷，砌体包含广泛的严重裂缝，分层和丢失的砌体单元，砌体失去原有的许多连接螺栓，隧道内的主动渗漏多地方都发生了严重的泄漏，连接螺栓的主动损失高达50%，在一些地方松动或丢失	状况严重。需要立即进行重大维修，以保持铁路运输或公路运输的开放。混凝土喷射混凝土有广泛的严重裂缝和活跃的泄漏，裸露的钢筋有高达40%的断面损失	需要立即进行重大维修，以保持结构对公路或铁路运输的开放。木材含有广泛的裂纹和裂缝，严重腐烂和超过50%的木材表面渗漏，许多木材构件已经完全损坏

1	危急情况。需要立即关闭,应进行研究以确定修复该结构的可行性	危急情况。需要立即关闭,衬里严重裂化,失去了维持最初设计负载的能力,严重裂化,主要部分缺失,不能再支撑设计负荷,连接螺栓的老化程度超过50%,在一些地方松动或丢失	危急情况。衬里已广泛开裂并出现明显的缺陷,衬里已经失去了承受设计负荷的能力	危急情况。衬里已经广泛开裂并出现明显的缺陷,衬里已经失去了承受设计负荷的能力
0	危急情况。结构已经关闭,无法修复	危急情况。结构已关闭,无法修复	危急情况。结构已关闭,无法修复	危急情况。结构已关闭,无法修复

【注】国内规范未对运营隧道的衬砌检测成果判定标准进行规定；美国规范①则十分详细地列出了对钢结构、混凝土结构、木结构、砌块砌体结构的各项具体检测项目的成果判定标准，且以明确的数值为标准进行划分。

10）荷载状况检测

【注】国内规范未对运营隧道的荷载状况检测成果判定标准进行规定，而国外规范则不涉及荷载状况检测的规定。

3.2.3　检测频率

1）运营通风检测

（1）经常检测

通风设施经常检测的主要项目及其检测频率如表 3.11 所示。

表 3.11　运营通风经常检测

设施名称	检查项目	检测频率
射流风机	总体	1 次/1～3 月
	各安装部位	1 次/15 d
轴流风机	总体	1 次/15 d
	各安装部位	1 次/1～3 月
	减速机	1 次/1～3 月
	润滑油冷却装置	
	气流调节装置	

（2）定期检测

通风设施定期检测的频率为 1 次/年。

【引】根据美国标准的规定，机械系统的检测频率如表 3.12 所示。表 3.12 列出了美国各地公路和轨道交通机构对其机械系统的检查频率，包括泵、风扇、电机等。此外，对于每个特定检查频率，表 3.12 给出了检查其机械系统的工程占所有工程的百分比，X 为按照此频率检测占美国所有机构的百分比。

---

①美国，《隧道操作、维护、检查和评估（TOMIE）手册》（*Tunnel Operations, Maintenance, Inspection, and Evaluation (TOMIE) Manual*）。

表 3.12　机械系统检测频率

类型	每日	每周	2 次/月	月度	3 个月	6 个月	12 个月	24 个月	36 个月	84 个月	120 个月
公路	X	X		X	X	X	X	X	X	X	X
	4.0%	4.0%		28.0%	4.0%	4.0%	20.0%	24.0%	4.0%	4.0%	4.0%
铁路	X		X	X	X	X		X			
	8.3%		8.3%	50.0%	8.3%	16.7%		8.3%			

英国标准[①]对通风设施检测有如下规定:

(1) 以下系统功能测试通常每隔 3 个月进行一次

①风机双向运行,检查是否有异常的噪声和振动。

②检查电机、叶轮和叶片的安装、机壳和消音器的连接固定以及电气终端,以确保它们处于良好状态,必要时进行紧固或更换。

③检查防震支架、安全链和运动接近开关,并检查运动检测系统的功能是否正常。

④对机房内安装的风扇、防火阀和消声器应按照建设方的建议,每 3 个月检查一次,检查其是否有损坏或老化。

(2) 以下系统功能测试应每隔 12 个月进行一次

①检查并测试所有固定风扇组件的喷气式风扇和机房风扇的固定装置,以及叶轮螺栓的扭矩。

②测量风机的启动和运行电流、振动和绝缘电阻。

③检查叶片间隙,必要时进行调整。

(3) 每隔 3~4 个月对喷射风扇进行一次目视检查

【注】国内规范对隧道通风射流风机与轴流风机的检测频率通常规定为 1 次/15 d、1 次/1~3 个月,对每一项检查内容都做了详细的要求;而国外规范[②]规定的检测频率为 3 个月、3~4 个月、12 个月,周期较长,并且检测项目划分不够细致具体。

2) 运营照明检测

(1) 经常检测

照明设施经常检测的主要项目及其检测频率如表 3.13 所示。

---

①英国,《公路构筑物检验》(*Inspection of Highway Structures*);

②美国,《隧道操作、维护、检查和评估(TOMIE)手册》(*Tunnel Operations, Maintenance, Inspection, and Evaluation (TOMIE) Manual*)。

表3.13　运营照明经常检测频率

设施名称	检查项目	检测频率
隧道灯具	总体	1次/1~3月
	照度测试	1次/半年
洞外路灯	灯体	1次/1~3月
照明线路	总体	

(2)定期检测

照明设施定期检测的主要项目及其检测频率如表3.14所示。

表3.14　运营照明定期检测

设施名称	检查项目	检测频率
隧道灯具	总体	1次/年
	各安装部位	
	密封性	
	检修孔、手孔	
洞外路灯	灯杆	
	基础	

【引】根据英国标准①的规定,隧道照明系统的检测频率如下:

(1)灯具

在所有灯具开启时(通常在白天),应通过设备控制系统进行检查,间隔时间为14 d,以检测有无灯泡故障和机械损坏,并在下一次计划的隧道关闭或重装前评估是否需要维修。

(2)照明控制和监测设备

对照明控制和监测设备应按照建设方的建议进行检查、测试和维护。如果建设方没有推荐维护间隔时间,则应适用以下规定:

①目视检查并清洁硬件,检查是否有损坏或过热的迹象,通常每隔3个月更换一次可维修的部件。

②对通信系统的硬件/软件进行常规维修,通常每隔6个月进行一次。

③对照明控制和监测系统进行功能测试,通常每隔12个月进行一次。

---

①英国,《公路构筑物检验》(*Inspection of Highway Structures*)

（3）调光设备

对调光设备应按照建设方的建议进行检查、测试和维护。如果建设方没有推荐维护间隔时间,则应适用以下规定:

①目视检查并清洁硬件,检查是否有损坏或过热的迹象,检查通风路径是否有障碍物和空气是否自由流通,以及更换可维修的部件,通常每3个月进行一次。

②对调光设备进行功能测试,通常每隔12个月进行一次。

（4）光度计

对光度计应按照建设方的建议进行检查、测试和维护。

【注】同通风检测频率,国内规范对照明检测频率的要求通常为1次/1～3月、1次/半年、1次/年三个等级,每一个大类里都划分了具体的小类,涉及多种项目;国外规范[①]的规定则较为笼统,所涉及的照明系统部分也较少。

3）外观检测（经常检查）

根据《公路隧道养护技术规范》（JTG H12—2015）的规定,按照公路隧道养护等级,土建结构经常检查频率应不低于表3.15规定的频率,且在雨季、冰冻季节或极端天气情况下,或发现严重异常情况时,应提高经常检查频率。

表3.15　经常检查频率

检查分类	养护等级		
	一级	二级	三级
经常检查	1次/月	1次/2月	1次/季度

【引】根据美国标准[①]的规定,例行检查频率如下:

默认隧道生命周期为24个月,取得书面批准时,最多允许延长到48个月。

根据英国标准[②]的规定,一般检查应每隔24个月进行一次。

在合同或委托开始后,每隔12个月,代理应制订一份为期12个月的所有维修检查计划,并提交监督组织同意。

检查应安排在检查到期日进行。

如果监理工程师认为检验间隔时间的任何更改是可以接受的,则检验的预定日期最多可更改±6个月(注意:±6个月的变化是为了保证检查操作的灵活性,例如允许在交通管理期间结合检查以提高效率,或避免冬季的恶劣天气事件)。

【注】国内规范规定的外观检测（经常检查）的频率按照养护等级有明确的以时间为

---

①美国,《隧道操作、维护、检查和评估（TOMIE）手册》（*Tunnel Operations, Maintenance, Inspection, and Evaluation (TOMIE) Manual*）;

②英国,《公路隧道的维护》（*Maintenance of Road Tunnels*）。

间隔的频率要求;国外规范①则没有进行明确的规定,如美国规范规定例行检查的频率要求以默认条件为主,法国规范也仅对重要的时间节点进行了明确的检测要求,英国规范的外观检测规定相对较为具体,但也有较大的空间,并未有明确的时间节点要求。

4) 外观检测(定期检查)

根据《公路隧道养护技术规范》(JTG H12—2015)的规定:定期检查的周期应根据隧道技术状况确定,宜每年1次,最长不得超过3年1次。当经常检查中发现重要结构分项技术状况评定状况值为3或4时,应立即开展一次定期检查。定期检查宜安排在春季或秋季进行。新建隧道应在交付使用1年后进行首次定期检查。

【引】根据法国标准②的规定,定期检查的频率如下:

(1)定期详细检查通常每6年进行一次。但是,管理缔约当局可在有正当理由的情况下,更改这一规则,将坚固的工程的周期延长至9年,或将特别脆弱或有重大缺陷的工程的周期缩短至3年、2年甚至1年。

(2)重要工程的某些部分不能用传统检查手段进行检查,应对它们进行具体的详细检查。这种检查可以在定期的详细检查中进行,也可以在另一个时间进行。如果连续监测和年度检查没有发现任何故障,则可在每两次检查中对这些部分进行检查。

根据法国标准②的规定,定期详细检查IDP构成了结构的健康检查。组织部门每年根据以下建议的频率提出IDP受制于IDP的结构或部分的清单,供决策部门验证:第一次IDP在初始详细检查(IDI)后3年,第2次IDP不迟于工作完成后9年,在一般情况下每6年进行一次。

在以下特殊情况下,可以延长或缩短周期:对于稳定的部分,每9年连续进行一次IDP;对于担心病害快速发作或发展的敏感部分,每3年(甚至更少)连续进行一次IDP。

根据英国标准的规定,主要检查应当代替适当的一般检查。主要检查应每72个月进行一次,除非监督组织同意更长的时间间隔。

在合同或委托开始后,每隔12个月,代理应制订一份为期12个月的所有维修检查计划,并提交监督组织同意。

检查应安排在检查到期日进行。

如果监理工程师同意检查间隔时间的任何更改是可以接受的,则检查的预定日期最多可更改±6个月(注意:±6个月的变化是为了保证检查操作的灵活性,例如允许在交通管理期间结合检查以提高效率,或避免冬季的恶劣天气事件)。

【注】国内规范规定的外观检测(定期检查)频率按照隧道技术状况分别进行规定;法国规范②的检测频率要求较为宽松,对不同等级的工程也进行了不同规定,对频率的要

---

① 英国,《公路隧道的维护》(*Maintenance of Road Tunnels*);
② 法国,《公路隧道土木工程检验指南》(*Guide d' inspection en génie civil des tunnels routiers*)。

求灵活多变;英国规范①对外观检测的规定相对更为具体,但也有较大的空间,并未有明确的时间节点要求。

5)裂缝检查与检测

根据《公路隧道养护技术规范》(JTG H12—2015)的规定,经常检查、定期检查频率见第3.2.3第3节与第4节规定,专项检查根据经常检查、定期检查或应急检查的结果有针对性地确定。对严重不良地质地段、重大结构病害或隐患处,宜开展运营期长期监测,对其结构变形、受力和地下水状态等进行长期观测。监测频率宜取经常检查的频率,当发现监测参数在快速发展变化时,观测频率应提高。

【引】美国标准②对裂缝检查与检测的频率有如下规定:

对裂缝检查和检测频率没有明确的规定,若是在初始检查、例行检查和深入检查等项目中进行检测,检测频率如表3.16所示。

隧道检查机构负责根据隧道设施的特殊需要建立深入检查的间隔时间。特殊和损坏检查由隧道业主自行决定。

表3.16 裂缝检测频率

活动类型	应用	间隔
初始检查	新隧道	向公众开放之前
	现有隧道	在NTIS生效之日起24个月内
例行检查	默认条件	隧道生命周期内每24个月
	批准的书面理由	可能允许延长最长48个月
深入检查	复杂的隧道和特定的结构和功能系统	水平和频率由项目经理确定

【注】国内外规范均未对裂缝检查与检测的频率进行单独的规定,可按照各类检查中涉及裂缝检查的部分进行检测。

6)渗漏水检查与检测

根据《公路隧道养护技术规范》规定,渗漏水检查与检测与3.2.3节"渗漏水检查与检测"规定相同。

【引】根据美国标准③的规定,渗漏水检查与检测与3.2.3.5第5)节规定相同。

【注】国内外规范均未对渗漏水检查和检测的频率进行单独规定,可按照各类检查中

---

①英国,《公路构筑物检验》(*Inspection of Highway Structures*);

②美国,《隧道操作、维护、检查和评估(TOMIE)手册》(*Tunnel Operations, Maintenance, Inspection, and Evaluation* (*TOMIE*) *Manual*)。

涉及渗漏水检查的部分进行检测。

7）隧道净空断面变形检测

【注】国内规范对隧道净空断面变形检测频率无规定，国外规范则不对隧道净空断面变形进行检测。

8）材质检测

国内规范未对材质检测频率进行单独规定。

【引】根据美国标准①的规定，材质检测与3.2.3.5第5）节规定相同。

【注】国内外规范均未对材质检测频率进行单独规定，可按照各类检查中涉及材质检测的部分进行检测。

9）衬砌检测

根据《公路隧道养护技术规范》规定，与3.2.3.5第5）节规定相同。

【引】根据美国标准①的规定，衬砌检测与3.2.3.5第5）节规定相同。

【注】国内外规范均未对衬砌检测频率进行单独规定，可按照各类检查中涉及衬砌检测的部分进行检测。

10）荷载状况检测

【注】国内规范未对运营隧道的荷载状况检测频率进行规定，而国外规范则不涉及荷载状况检测。

3.2.4 技术状况评定方法

根据《公路隧道养护技术规范》（JTG H12—2015）的规定，土建结构技术状况评定应根据定期检查资料，综合考虑洞门、结构、路面和附属设施等各方面的影响，确定隧道的技术状况等级。专项检查时，宜按照本规范规定对所检项目进行技术状况评定。

土建结构技术状况评定应分为1类、2类、3类、4类和5类，评定类别描述及养护对策见表3.18。评定应先逐洞、逐段对隧道土建结构各分项技术状况进行状况值评定，在此基础上确定各分项技术状况，再进行土建结构技术状况评定。

土建结构技术状况评定方法应符合下列规定：

①土建结构技术状况评分应按式（3.1）计算。

---

①美国，《隧道操作、维护、检查和评估（TOMIE）手册》（*Tunnel Operations，Maintenance，Inspection，and Evaluation（TOMIE）Manual*）。

$$JGCI = 100 \cdot \left[1 - \frac{1}{4} \sum_{i=1}^{n} \left(JGCI_i \times \frac{w_i}{\sum\limits_{i=1}^{n} w_i} \right) \right] \tag{3.1}$$

式中：w_i——分项权重；

　　　$JGCI_i$——分项状况值，值域为 0 ~ 4。

②分项状况值应按式(3.2)计算。

$$JGCI_i = \max(JGCI_{ij}) \tag{3.2}$$

式中：$JGCI_{ij}$——各分项检查段落状况值；

　　　j——检查段落号，按实际分段数量取值。

③土建结构各分项权重宜按表 3.17 取值。

表 3.17　土建结构各分项权重表

分项		分项权重 w_i	分项	分项权重 w_i
洞口		15	检修道	2
洞门		5	排水设施	6
衬砌	结构破损	40	吊顶及预埋件	10
	渗漏水		内装饰	2
路面		15	交通标志、标线	5

④土建结构技术状况评定分类界限值宜按表 3.18 规定执行。

表 3.18　土建结构技术状况评定分类界限值

技术状况评分	土建结构技术状况评定分类				
	1 类	2 类	3 类	4 类	5 类
$JGCI$	≥85	≥70,<85	≥55,<70	≥40,<55	<40

⑤土建结构技术状况评定时，当洞口、洞门、衬砌、路面和吊顶及预埋件项目的评定状况值达到 3 或 4 时，对应土建结构技术状况应直接评为 4 类或 5 类。

在公路隧道技术状况评定中，有下列情况之一时，隧道土建技术状况评定应评为 5 类隧道：

①隧道洞口边仰坡不稳定，出现严重的边坡滑动、落石等现象。

②隧道洞门结构大范围开裂、砌体断裂、脱落现象严重，可能危及行车道内的通行安全。

③隧道拱部衬砌出现大范围开裂、结构性裂缝深度贯穿衬砌混凝土。

④隧道衬砌结构发生明显的永久变形，且有危及结构安全和行车安全的趋势。

⑤地下水大规模涌流、喷射，路面出现涌泥沙或大面积严重积水等威胁交通安全的

现象。

⑥隧道路面发生严重隆起,路面板严重错台、断裂,严重影响行车安全。

⑦隧道洞顶各种预埋件和悬吊件严重锈蚀或断裂,各种桥架和挂件出现严重变形或脱落。

对评定划定的各类隧道土建结构,应分别采取不同的养护措施:

①1类隧道应进行正常养护。

②2类隧道或存在评定状况值为1的分项时,应按需进行保养维修。

③3类隧道或存在评定状况值为2的分项时,应对局部实施病害治理。

④4类隧道应进行交通管制,尽快实施病害治理。

⑤5类隧道应及时关闭,然后实施病害治理。

⑥重要分项以外的其他分项评定状况值为3或4时,应尽快实施病害治理。

【引】根据美国标准①的规定,每个构件将被赋予0~9的数字评级,0为最差状况,9为最佳状况。美国隧道检测状况评级如表3.19所示。

如果隧道业主希望将这一系统用于机械或电气系统或其他隧道附属设施,那么评级描述可以被调整以代表更小的条件。一个例子是对以下情况进行编号:优、良、中、差、严重。这样做的目的是通过使用隧道管理软件程序来跟踪状况。

表3.19 美国隧道检测状况评级

评级	描述
9	新竣工的建筑
8	状态良好,未发现缺陷
7	状态良好,发现个别缺陷,但不需要维修
6	状态介于5和7之间
5	状态良好,需要小规模的维修,存在轻度、中等和个别的严重缺陷,但结构的功能仍能达到最初的设计
4	状态介于3和5之间
3	状态不佳,需要进行大规模的维修,存在严重的缺陷,且结构的功能不符合最初的设计
2	状态严重,需要立即进行重大维修,以保证结构对公路或轨道交通的运输开放功能
1	情况危急,需要立即关闭,应进行研究,以确定修复该结构的可行性
0	危急情况,结构已关闭,无法修复

---

①美国,《隧道操作、维护、检查和评估(TOMIE)手册》(*Tunnel Operations*, *Maintenance*, *Inspection*, *and Evaluation* (*TOMIE*) *Manual*)。

评级取决于在结构上发现的缺陷的数量、类型、大小和位置,以及该结构保持其原有结构能力的程度。为了判断结构保持原有结构能力的程度,必须了解结构是如何设计的,以及缺陷如何影响这种设计。

根据法国标准的规定,采用艺术作品质量的图像(Image de la qualité des ouvrages d'art,IQOA)评估的原则及方法。

隧道的评估是在详细检查的基础上进行的,并在必要时进行进一步调查。检查员在详细检查时应对隧道进行 IQOA 评级。

应用 IQOA 法对隧道进行评估和评级的一般原则是:首先将结构切割成管和段,并将其分解为部分和子部分,对各个组成要素进行评估,按类进行评级,对工程进行分区,将其划分为相同尺寸的区域。

(1)管

隧道由一条或多条包含一条或多条行车道的管道组成。管道有两个末端,称为头部。

(2)段

段是指构造类型和地质背景相同的管段。它由两个度量点定义,这两个度量点位于它的起点和终点。

隧道还包括安全通道、逃生通道和管道间通道,这些通道依照与管道划分相同的标准被切割成区段。

在施工过程中定义的路段不会随时间变化,除非在特殊情况下,如深度修理。这种划分构成了所有监测工作的基础。

(3)区域

区域是由两个度量点定义的管道的截面,该度量点定位管道的起点和终点。度量点在初始详细检查时设置,或者在应用 IQOA 评估的第一次检查中,由开发商(在 IDI 的情况下是制造商,在其他情况下是管理者)设置,区域可以随着时间的推移而变化,这取决于内部缺陷的发展和监测结果。区域的修改通常在定期详细检查之后进行,但也可以在连续检查之间进行。

分区应反映视察后的分析,由视察员拟订,并提交缔约当局验证。区域和区段是管道的两个纵向细分,可以通过米制点从一个移动到另一个。

按照惯例,标注区的最小长度等于 1 m。在点状无序的情况下,它是以点状无序为中心的。

(4)工程结构及环境因素影响

为了详细检查工程结构各部分以及外界环境因素对工程的影响,整个工程影响因素可以分为三个部分:表征环境的"影响区"部分、"结构"部分,以及"工程设备"部分。

①影响区部分:影响区是隧道所处土层的环境特征。土层结构的任何改变都可能对结构产生直接影响。对于隧道,"影响区"可以是:封闭的地形(存在断层、岩溶、膨胀土、工程不稳定的岩层等)、地表植被、隧道周围已有建筑结构,这些既有结构可能通过土层

荷载对工程产生影响(如新建采石场、新车道等)。

②结构部分:"结构"部分由隧道的所有结构元件组成(接收荷载并将其传递到周围地形),具体有桩顶、地基、管片、消防管道等。

③工程设备:"工程设备"一节列出了结构中包含的所有二级土木工程部件,其目的是确保工程设施的运营,确保工程的安全,保护隧道。

"工程设备"部分由隧道中存在的设备组成。具体包括建筑壁板、模板、防火挡墙、支护结构、人行道、通风管道、排水渠、排水渠和竖井、铁轨。

根据结构的类型,某些子部分可能不存在"结构"和"工程设备"。例如,通风管道并不存在于所有隧道。

(5)降雨影响

降雨是影响土木工程地下结构稳定性的重要因素。降雨的存在需要引起很大的重视。

区域状态类别如下:

①结构及施工设备:隧道区的状况分为5类(表3.20),其定义考虑到影响结构的紊乱的性质和严重程度。

表 3.20　IQOA 隧道土木工程状况的分级表

级别 1	区域表面状况良好; 1 级区域只需要日常维护和定期的预防性专业维护
级别 2	区域有轻微缺陷(主要体现在隧道各结构以及工程设备上),但不影响结构的稳定性或不反映区域的失稳; 除 1 级区域规定的维护外,2 级区域可能需要专门的非紧急补救性维护
级别 2E	呈现 2 级缺陷的区域(在结构上或在影响区内),可能演变为重大的缺陷,并可能危及结构的稳定性或施工设备严重损坏或其稳定性可能受到损害的区域; 2E 级区域除了 1 级区域规定的维护外,还需要特别监测和紧急补救性专门维修,以防止结构迅速发生更大的故障。指数"E"反映了该地区不断变化的状况
级别 3	观察到的缺陷表明结构改变或有关区域的稳定性可能受到损害; 3 级区域需要非紧急的保护、修理或加固,必须迅速做出判断
级别 3U	观察到的缺陷表明退化程度严重,该区域的总体稳定在中短期内会受到威胁; 3U 级区域需要紧急修理,以确保结构的耐用性或防止威胁结构稳定性的缺陷快速演变。一般来说,施工之前必须进行勘察和监测,以确保工程能很好地适应当地的岩土条件,而这些条件往往不为人知。指数"U"表示要采取行动的紧迫性

②降水:隧道区的状况可分为三个等级(表3.21),其定义考虑到降水的存在程度和降水的表现形式。本等级不再考虑降水对结构状况的影响。

表3.21　IQOA 隧道水流状态的分级表

级别1	没有可见水流的区域或仅在路面或人行道上发现水滴或湿斑的区域; 1级区域只需要对排水和污水处理系统进行日常维护和专门的预防性维护
级别2	低强度降雨,具体包括: ●厚度≤5 mm 的局部水坑; ●路面上潮湿的污渍; ●从路面上留下连续流动形成的水膜,厚度小于1 mm。 除了1级区域规定的干预措施外,2级区域必须接受管理部门的定期监测
级别3	高强度水流区: ●形成一层连续流动的水流,从路面上流下,厚度超过1 mm; ●连续的水流落在路面上(不考虑流速); ●面积超过10 m² 或厚度超过5 mm 的水坑。 当进水口的流量强度或来自扩散表面的水量较大时,评级为3级。此时需要开展具体工作,将即将进行的安全措施传达给管理部门

【注】国内规范根据定期检查、专项检查结果先逐洞、逐段对隧道土建结构各分项技术状况进行状况值评定,在此基础上确定各分项技术状况,再进行土建结构技术状况评定,将技术状况评定类别划分为5类,且对出现特殊情况的隧道根据定性描述判断其技术状况。

美国规范[1]则是对各构件进行评级,将结构件分为0~9共10个类别,之后按照不同的权重将隧道等级分为好、一般、差、严重4类。

法国规范[2]规定隧道评估采用 IQOA 评估方法,在详细检查的基础上,分为"土木工程"和"水"两部分分别进行评估。IQOA 法对隧道进行评估和评级的一般原则是将结构切割成管和段,或对工程进行分区,将其划分为相同尺寸的区域后对工程进行评估。土木工程评估等级分为5级,水流状态评估等级分为3级。

————————————

①美国,《隧道操作、维护、检查和评估(TOMIE)手册》(*Tunnel Operations, Maintenance, Inspection, and Evaluation* (*TOMIE*) *Manual*);

②法国,《公路隧道土木工程检验指南》(*Guide d' inspection en génie civil des tunnels routiers*)。

4
桥梁检测技术

4.1 桥梁检测整体要求

桥梁是我国山区高速公路重要的工程之一,其具有结构形式多样、受力复杂多变、社会影响大等特点。开展桥梁检测监测的目的是掌握桥梁的技术状况及其缺陷和损伤的性质、部位、严重程度及发展趋势,弄清缺陷和损伤产生的主要原因,分析评价既有缺陷和损伤对桥梁质量和使用承载能力的影响,为桥梁的维修和加固设计提供可靠的技术支持和依据。因此,桥梁检测是进行桥梁养护、维修与加固的先导工作,是决定维修与加固方案可行性和正确性的可靠保证。桥梁检测工作必须严格按照规范要求的频率、内容、技术方法进行实施,检测标准体系应以符合建设标准体系为主,检测成果须满足桥梁运营期管养的基本要求。

4.1.1 桥梁检测工作概述

桥梁检测工作主要分为常规定期检测(包括桥面系、上部结构和下部结构)、结构定期检测(包括混凝土强度、碳化深度、钢筋保护层厚度等)和承载能力评定。

4.1.2 桥梁检测分类规定

1)日常巡查和经常检查

《公路桥涵养护规范》(JTG 5120—2021)规定,日常检查为对桥面及其以上部分的桥梁构件、结构异常变位和桥梁安全保护区的日常巡视和目测检查。可以以乘车目测为主,并应做巡检记录,发现明显缺损和异常情况应及时上报,应包括下列内容:

①桥路连接处是否异常。

②桥面铺装、伸缩缝是否有明显破损;伸缩缝位置的桥面系是否存在异常。

③栏杆或护栏等有无明显缺损。

④标志标牌是否完好。

⑤桥梁线形是否存在明显异常。

⑥桥梁是否存在异常的振动、摆动和声响。

⑦桥梁安全保护区是否存在侵害桥梁安全的情况

经常性检查为抵近桥涵结构,采用目测结合辅助工具对桥面系、上部结构、下部结构和附属设施表观状况进行的周期性检查。应包括如下内容:

①桥梁结构有无异常的变形和振动及其他异常状况。

②外观是否整洁,构件表面是否完好,有无损坏、开裂、剥落、起皮、锈迹等。

③混凝土主梁裂缝是否有发展,箱梁内是否有积水。钢结构主梁抽查焊缝有无开裂,螺栓有无松动或缺失。

④斜拉索、吊杆(索)、系杆等索结构锚固区的密封设施是否完好,有无积水或渗水痕迹,密封材料等有无老化和开裂;主缆最低点是否渗水;索鞍是否有异常的位移、卡死、辊轴歪斜以及构件锈蚀、破损;鞍座混凝土是否开裂;鞍室是否渗水、积水。

⑤支座是否有明显缺陷,使用功能是否正常。

⑥桥面铺装是否存在病害。

⑦伸缩缝是否堵塞、卡死,连接部件有无松动、脱落、局部破损。

⑧人行道、缘石有无破损、剥落、裂缝、缺损和松动。

⑨栏杆、护栏有无破损、缺失、锈蚀、移动或错位。

⑩排水设施有无堵塞和破损。

⑪墩台有无明显的倾斜、损伤、开裂及是否受到车、船或漂流物撞击而受损;基础有无冲刷、损坏、悬空;墩台与基础是否受到生物腐蚀。

⑫翼墙(侧墙、耳墙)、锥坡、护坡、调治构造物有无缺损、开裂、沉降和塌陷。

⑬悬索桥锚碇是否存在渗水、积水。

⑭交通信号、标志、标线、照明设施以及桥梁其他附属设施是否完好、正常工作。

⑮永久观测点及标志点是否完好。

【引】根据美国标准①的规定,桥梁运营期检测分为初始检查、例行检查、深度检查、断裂关键构件检查、水下检查、特殊检查和损坏检查,与经常性检查对应的是例行检查。

例行检查是定期计划的检查,主要内容包括检查桥梁的所有元素,测量桥梁的物理和功能条件,确定初始检查或先前记录的条件的变化,确保结构继续满足当前的安全要求。

这些检查通常从桥面板、地面、永久性工作平台或人行道进行。对子结构水下部分的检查仅限于在低流量期间进行,必要时应记录子结构破坏时的状态。此外,常规检查有时需要特殊设备。例如,检查桥梁下部结构时要使用特殊索具。

需要密切监测的结构区域是由检查记录和荷载等级计算确定的,对桥梁的承载能力至关重要的区域往往需要密切监测。如果在例行检查中,发现结构某个区域需要进行更

---

①①美国,《路面和桥梁维护手册》(*AASHTO Maintenance Manual for Roadways and Bridges*)。

密切、更详细的检查,以确定其对安全或承载能力的影响(如钢构件上的裂缝),应对该区域进行额外的深入检查并做记录。

根据美国标准①的规定,桥梁维护规定包括:

①重新填充缝伸缩缝。

②涂装结构钢构件。

③清除水道上的杂物。

④替换耐磨层。

⑤扩大桥面板排水口。

⑥修理由于车辆撞击造成的建筑物损坏。

根据英国规范②-③的规定,应对桥梁开展如下检查评估:

①施工形式。

②结构的几何形状。

③行车道及车道标记的几何形状,包括车道标记的指示方向。

④结构构件的性质和状况。

⑤确定结构阻力所需参数值。

⑥结构的状况,包括损坏、变质的迹象。

⑦加固工程的历史记录。

⑧由安装引起的负载或阻力的变化。

⑨既有缺陷是否恶化。

⑩路面类别。

【注】国内规范将桥梁运营期的检查分为经常检查、定期检查和特殊检查;美国规范分为初始检查、例行检查、深度检查、断裂关键构件检查、水下检查、特殊检查和损坏检查;英国桥梁运营期的检查与隧道一样,都包含在公路检查中,分为表面检查、一般检查、主要检查、特殊检查及安全检查。

国内经常检查以外观检查为主,对检查内容和标准以定性描述的方式进行规定。

美国规范①中与国内经常检查对应的是例行检查,规范中并未明确规定需要对哪些部件进行检查,且未规定检查的内容及标准,要求对桥梁的所有元素进行检查。与国内相比,其规定较为宽泛。

英国规范②中的一般检查可与国内经常检查对应,规范规定了需要重点进行检查评估的部件和性质。与国内相比,其规定覆盖面不够广泛但针对性较强。

2) 定期检查

《公路桥涵养护规范》(JTG 5120—2021)规定,定期检查是对桥涵总体技术状况进行

---

①美国,《路面和桥梁维护手册》(*AASHTO Maintenance Manual for Roadways and Bridges*);

②英国,《公路构筑物检验》(*Inspection of Highway Structures*);

③英国,《公路隧道的维护》(*Maintenance of Road Tunnels*)。

的周期性检查及技术状况评定。

（1）桥面系构造检查

桥面系构造检查的主要内容如下：

①桥面铺装层纵、横坡是否顺适，有无严重的龟裂、纵横裂缝，有无坑槽、拥包、拱起、剥落、错台、磨光、泛油、变形、脱皮、露骨、接缝料损坏、桥头跳车等现象。

②伸缩缝是否有异常变形、破损、脱落、漏水、失效，锚固区有无缺陷，是否存在明显的跳车。

③人行道有无缺失、破损等。

④栏杆、护栏有无缺失、破损等。

⑤防排水系统是否顺畅，泄水管、引水槽有无明显缺陷，桥头排水沟功能是否完好。

⑥桥上交通信号、标志、标线、照明设施是否损坏、失效。

（2）混凝土梁桥上部结构检查

混凝土梁桥上部结构检查的主要内容如下：

①混凝土构件有无开裂及裂缝是否超限，有无渗水、蜂窝、麻面、剥落、掉角、空洞、孔洞、露筋及钢筋锈蚀。

②主梁跨中、支点及变截面处，悬臂端牛腿或中间铰部位，刚构的固结处和桁架的节点部位，混凝土是否开裂、缺损，钢筋有无锈蚀。

③预应力钢束锚固区段混凝土有无开裂，沿预应力筋的混凝土表面有无纵向裂缝。

④桥面线形及结构变位情况。

⑤混凝土碳化深度、钢筋锈蚀检测。

⑥主梁有无积水、渗水，箱梁通风是否良好。

⑦组合梁的桥面板与梁的结合部位及预制桥面板之间的接头处混凝土有无开裂、渗水。

⑧装配式梁桥的横向连接构件是否开裂，连接钢板的焊缝有无锈蚀、断裂。

（3）拱桥检查

拱桥检查的主要内容如下：

①主拱圈是否变形、开裂、渗水，拱脚是否发生位移。

②圬工拱桥拱圈的灰缝有无松散、剥离或脱落，砌块有无风化、断裂、压碎、局部掉块、脱落。

③行车道板、横梁、纵梁及拱上立柱（墙）、盖梁、垫梁的混凝土有无开裂、剥落、露筋和锈蚀。空腹拱的腹拱圈有无较大的变形、开裂、错位，立墙或立柱有无倾斜、开裂。

④拱的侧墙与主拱圈间有无脱落，侧墙有无鼓凸变形、开裂，实腹拱拱上填料有无沉陷，排水是否正常。

⑤拱桥的横向联结有无变位、开裂、松动、脱落、断裂、钢筋外露、锈蚀等，连接部钢板有无锈蚀、断裂。

⑥双曲拱桥拱波与拱肋结合处是否开裂、脱开,拱波之间砂浆有无松散、脱落,拱波是否开裂、渗水等。

⑦对于劲性骨架的拱桥,混凝土是否沿骨架出现纵向或横向裂缝。

⑧吊杆索力有无异常变化。吊杆防护套有无开裂、鼓包、破损,必要时可打开防护套,检查吊杆钢丝涂膜有无劣化,钢丝有无锈蚀、断丝。钢套管有无锈蚀、损坏,内部有无积水;吊杆导管端密封减振设施和其他减振装置有无病害及异常等。

⑨逐个检查吊杆锚头及周围锚固区的情况,锚具是否渗水、锈蚀,是否有锈水流出的痕迹,锚固区是否开裂。必要时可打开锚具后盖抽查锚杯内是否积水、潮湿,防锈油是否结块、乳化失效,锚杯是否锈蚀。锚头是否锈蚀,镦头或夹片是否异常,锚头螺母位置有无异常。

(4)钢桥检查

钢桥检查的主要内容如下:

①构件涂层劣化情况。

②构件锈蚀、裂缝、变形、局部损伤。

③焊缝开裂或脱开。

④铆钉和螺栓松动、脱落或断裂。

⑤结构的跨中挠度、结构变位情况。

⑥钢箱梁内部湿度是否符合要求,除湿设施是否工作正常。

(5)斜拉桥检查

斜拉桥检查的主要内容如下:

①桥塔有无异常变位,锚固区是否有开裂、水渍,有无渗水现象。混凝土结构有无缺损、裂缝、剥落、露筋、钢筋锈蚀。钢结构涂装是否粉化、脱落、起泡、开裂,钢结构是否锈蚀、变形、裂缝;螺栓是否缺失、损坏、松动;钢与混凝土连接是否完好。

②拉索索力有无异常变化,观测斜拉索线形有无异常。

③斜拉索防护套有无开裂、鼓包、破损、老化变质,必要时可以打开防护套,检查斜拉索的钢丝涂层劣化、破损、锈蚀及断丝情况。

④逐个检查锚具及周围锚固区的情况,锚具是否渗水、锈蚀,是否有锈水流出的痕迹,锚固区是否开裂。必要时可打开锚具后盖抽查锚杯内是否积水、潮湿,防锈油是否结块、乳化失效,锚杯是否锈蚀。锚头是否锈蚀、开裂,镦头或夹片是否异常,锚头螺母位置有无异常。

⑤主梁的检测,应检查梁体拉索锚固区域的混凝土结构是否开裂、渗水,钢结构是否有裂纹、锈蚀、渗水。

⑥钢护筒是否脱漆、锈蚀,钢护筒内有无积水,钢护筒与斜拉索密封是否可靠,橡胶圈是否老化或严重磨损,橡胶圈固定装置有无损坏,阻尼器有无异常变形、松动、漏油、螺栓缺失、结构脱漆、锈蚀、裂缝。

⑦桥梁构件气动外形是否发生改变;气动措施和风障是否完好;钢主梁检修车轨道、桥面风障、护栏、栏杆的形状及位置是否发生改变。

（6）悬索桥检查

悬索桥检查的主要内容如下:

①桥塔有无异常变位,混凝土结构有无缺损、裂缝、剥落、露筋、钢筋锈蚀。钢结构涂装是否粉化、脱落、起泡、开裂,钢结构是否锈蚀、变形、裂缝;螺栓是否缺失、损坏、松动;钢与混凝土连接是否完好。

②主缆线形是否有变化。主缆防护有无老化、开裂、脱落、刮伤、磨损;主缆是否渗水,缠丝有无损伤、锈蚀,必要时可以打开涂层和缠丝,检查索股钢丝涂膜有无劣化,钢丝有无锈蚀、断丝。锚头防锈漆是否粉化、脱落、开裂,抽查锚头防锈油是否干硬、失效,锚头是否锈蚀、开裂,镦头或夹片是否异常,锚头螺母位置有无异常。

③吊索索力有无异常变化;吊索防护套有无裂缝、鼓包、破损,必要时可以打开防护套,检查吊索钢丝涂膜有无劣化,钢丝有无锈蚀、断丝。钢套管有无锈蚀、损坏,内部有无积水;吊索导管端密封减振设施和其他减振装置有无病害及异常等。

④逐个检查吊索锚头及周围锚固区的情况,锚具是否渗水、锈蚀,是否有锈水流出的痕迹,锚固区是否开裂。必要时可打开锚具后盖抽查锚杯内是否积水、潮湿,防锈油是否结块、乳化失效,锚杯是否锈蚀。锚头是否锈蚀、开裂,镦头或夹片是否异常,锚头螺母位置有无异常。

⑤索夹螺栓有无缺失、损伤、松动;索夹有无错位、滑移;索夹面漆有无起皮脱落,密封填料有无老化、开裂;索夹外观有无裂缝及锈蚀;测试索夹螺栓紧固力。

⑥主索鞍、散索鞍上座板与下座板有无相对位移、卡死、辊轴歪斜,鞍座螺杆、锚栓有无松动现象。鞍座内密封状况是否良好。索鞍有无锈蚀、裂缝,索鞍涂装有无粉化、裂缝、起泡、脱落,主缆和索鞍有无相对滑移。

⑦锚碇外观有无明显病害,如裂缝、空洞等;锚碇有无沉降、扭转及水平位移。锚室顶板、侧墙表面状况是否完好。锚室内有无渗漏水,是否积水,温湿度是否符合要求;除湿设备运行是否正常。

⑧索股锚杆涂层是否完好,有无锈蚀、裂纹病害。

⑨桥梁构件气动外形是否发生改变;气动措施和风障是否完好;钢主梁检修车轨道、桥面风障、护栏、栏杆的形状及位置是否发生改变。

（7）支座检查

支座检查的主要内容如下:

①支座是否缺失。组件是否完整、清洁,有无断裂、错位、脱空。

②活动支座实际位移量、转角量是否正常,固定支座的锚销是否完好。

③橡胶支座是否老化、开裂,有无位置串动、脱空,有无过大的剪切变形或压缩变形,各夹层钢板之间的橡胶层外凸是否均匀。

④四氟滑板支座是否脏污、老化,聚四氟乙烯板是否磨损,是否与支座脱离,是否倒置。

⑤盆式橡胶支座的固定螺栓是否剪断,螺母是否松动,钢盆外露部分是否锈蚀,防尘罩是否完好,抗震装置是否完好。

⑥组合式钢支座是否干涩、锈蚀,固定支座的锚栓是否紧固,销板或销钉是否完好。钢支座部件是否出现磨损、开裂。

⑦摆柱支座各组件相对位置是否准确。混凝土摆柱的柱体有无破损、开裂、露筋。钢筋及钢板有无锈蚀。活动支座滑动面是否平整。

⑧辊轴支座的辊轴是否出现爬动、歪斜。摇轴支座是否倾斜。轴承是否有裂纹、切口或偏移。

⑨球形支座地脚螺栓有无剪断、螺纹有无锈死,支座防尘密封裙有无破损,支座相对位移是否均匀,支座钢组件有无锈蚀。

⑩支承垫石是否开裂、破损。

⑪简易支座的油毡是否老化、破裂或失效。

⑫支座螺纹、螺帽是否松动,锚螺杆有无剪切变形,上下座板(盆)的锈蚀状况。

⑬支座封闭材料是否老化、开裂、脱落。

(8)墩台与基础检查

墩台与基础检查的主要内容如下:

①墩身、台身及基础变位情况。

②混凝土墩身、台身、盖梁、台帽及系梁有无开裂、蜂窝、麻面、剥落、露筋、空洞、孔洞、钢筋锈蚀等。

③墩台顶面是否清洁,有无杂物堆积,伸缩缝处是否漏水。

④圬工砌体墩身、台身有无砌块破损、剥落、松动、变形、灰缝脱落,砌体泄水孔是否堵塞。

⑤桥台翼墙、侧墙、耳墙有无破损、裂缝、位移、鼓肚、砌体松动。台背填土有无沉降或挤压隆起,排水是否畅通。

⑥基础是否发生冲刷或淘空现象,地基有无侵蚀。水位涨落、干湿交替变化处基础有无冲刷磨损、颈缩、露筋,有无开裂,是否受到腐蚀。

⑦锥坡、护坡有无缺陷、冲刷。

(9)调治构造物

检查调治构造物是否完好,功能是否适用,桥段河床是否有明显的冲淤或漂浮物堵塞现象。

【引】根据美国标准①的规定,与经常检查对应的是深度检测。深度检查是对位于水

---

① 美国,《路面和桥梁维护手册》(*AASHTO Maintenance Manual for Roadways and Bridges*)。

面上方或下方的一个或多个桥梁构件进行详细检查,根据需要使用目视或非破坏性技术,以识别使用常规检查程序无法轻易检测到的缺陷。必要时还应提供交通管制和特殊设备,如桥下检查设备和工作船。根据需要派遣具有特殊技能的人员,如潜水员。此外,若要检测某一缺陷是否存在,还应进行非破坏性的现场测试或其他材料测试,必要时两者兼而有之。

在检查报告中应记录接受深度检查的桥梁构件,以及相应的检查程序,并根据需要详细记录深度检查的结果。

根据美国标准①的规定,桥梁定期检查的内容包括:

①桥面铺装、人行道和栏杆;

②桥面排水系统;

③桥墩、桥台;

④密封混凝土板和下部结构构件。

【注】国内规范对定期检查的相关规定非常具体,将桥梁按材质分类后分别规定其定期检查的内容,对检查内容和标准以定性描述的方式给出。

美国规范①中与国内规范定期检查对应的是深度检查,规范并未明确规定需要对哪些部件进行检查,且未规定检查的内容及标准,而是以举例的方法简要说明检测的程序。与国内相比,其规定不够明确;在其他国外规范中,也仅列出了检测的条目,并不包括具体的检查内容。

3)特殊检查

《公路桥涵养护规范》(JTG 5120—2021)规定,特殊检查是对桥梁承载能力、抗灾能力、耐久性能、水中基础技术状况进行的一项或多项检查与评定,以及对定期检查中难以判明病害成因及程度的桥梁进行的检查。

特殊检查应包括下列一项或多项内容:

①材料的物理、化学性能及其退化程度的测试鉴定;结构或构件开裂状态的检测及评定。

②结构的强度、刚度和稳定性的检算、试验和鉴定。桥梁承载能力评定宜按现行《公路桥梁承载能力检测评定规程》(JTG/TJ 21)执行。

③桥梁抵抗洪水、流冰、风、地震及其他灾害能力的检测鉴定。

④桥梁遭受洪水、流冰、滑坡、地震、风灾、火灾、撞击,因超重车辆通过或其他因素造成损伤的检测鉴定。

⑤水中墩台身、基础的缺损情况的检测评定。

⑥定期检查中发现的较严重的开裂、变形等病害,应进行跟踪观测,预测其发展趋势。

---

①美国,《路面和桥梁维护手册》(*AASHTO Maintenance Manual for Roadways and Bridges*)。

在下列情况下应做特殊检查：

①定期检查中难以判明构件损伤原因及程度的桥梁。

②拟通过加固手段提高荷载等级的桥梁。

③需要判明水中基础技术状况的桥梁。

④遭受洪水、流冰、滑坡、地震、风灾、火灾、撞击,因超重车辆通过或其他异常情况影响造成损伤的桥梁。

【引】根据美国标准①的规定,与国内规范特殊检查对应的是断裂关键构件检查、水下检查、特殊检查和损坏检查。各项检查的要求如下：

(1)断裂关键构件检查

断裂关键构件是具有张力或具有张力元件的钢构件,此类构件的失效可能导致部分或整个桥梁倒塌。可能被视为断裂关键构件的钢构件包括：

①双梁箱梁系统；

②带有锚杆组件的悬架系统；

③焊接钢墩盖和交叉梁；

④双桁架系统；

⑤焊接连接拱。

应记录哪些类型的钢桥组件被认为是断裂关键构件,在检查文件中明确标识需要断裂临界构件检查的断裂关键构件组件。

对所有断裂关键构件进行实际检查(根据需要使用目视或非破坏性技术在组件的臂长内进行检查)。

(2)水下检查

水下检查是对桥梁子结构和周围通道的水下部分的检查,这部分不能通过涉水或目视检查,通常需要潜水或其他适当的技术。记录水下检查所需的必要数据(如水深、浑浊度等),以及清洁桥梁构件时所要清理的污垢(如生物污垢、其他杂质等)。

对于确定需要进行水下检查的桥梁,桥梁检查文件中应包含以下信息：

①需要进行水下检查的支座单元；

②对要检查的水下元素的描述；

③进行水下检查的频率；

④在水下检查期间应遵循的程序。

(3)特殊检查

特殊检查用于监测特定已知或怀疑存在的缺陷,例如钢结构中的裂缝、氧化或腐蚀。特殊检查也可用于监测桥梁的某些特性,例如可进行超声波测试。

在检查文件中清楚地记录位置、监控的具体细节、所有特殊检查的间隔,以及如何进

---

①美国,《路面和桥梁维护手册》(AASHTO Maintenance Manual for Roadways and Bridges)。

行检查。虽然特殊检查不够全面,无法满足《桥梁检测标准》(*National Bridge Inspection Standards*,*NBIS*)的要求,但它们可以与常规检查同时进行。

(4)损坏检查

损坏检查是一种不定期的检查,用于评估环境事件(如地震或洪水)或人类行为(如卡车影响)造成的结构损坏。

根据事件和损坏程度,这种类型的检查工作量可能会有很大差异。如果发生重大损坏,检查员可能必须评估损失部分,确定部分损失的程度,对成员的错配进行测量,或检查基础支持的所有损失。

确保损坏检查的范围满足紧急负载限制的需求,并评估实施修复所需的资源。根据《桥梁检查员参考手册》(*Bridge Inspector's Reference Manual*,BIRM)中描述的目视检查方法检查所有损坏的桥梁元件。如果通过目视检查怀疑存在重大缺陷,则可能需要使用BIRM描述的高级检查方法。

可以通过及时深入检查来补充此检查,以获取微调负载分析的数据,确定修复数量/方法或调整负载限制所需的额外数据。

【注】国内规范将特殊检查分为专门检查和应急检查,对应进行特殊检查的桥梁情况进行了明确规定。美国规范①中与国内特殊检查对应的是断裂关键构件检查、水下检查、特殊检查和损坏检查四项内容,规范中明确列出了这四项检查的具体内容、进行检查的条件以及检查的技术手段。与国内相比,其内容更为详细。

4.2 桥梁检测实施

检测实施主要包含检测工作的技术手段、检测频率、检测判定标准、技术状况评定方法等内容。

4.2.1 桥梁检测技术手段

1)外观检测

《公路桥涵养护规范》(JTG 5120—2021)规定,桥梁外观检测包含:

(1)经常检查

经常检查采用目测方法,也可配以简单工具进行测量。

(2)定期检查

定期检查以目测观察结合仪器观测进行,必须接近各部件仔细检查其缺损情况。定

---

① 美国,《路面和桥梁维护手册》(*AASHTO Maintenance Manual for Roadways and Bridges*)。

期检查的主要工作有:

①现场校核桥梁基本数据(桥梁基本状况卡片)。

②当场填写"桥梁定期检查记录表",记录各部件缺损状况并做出技术状况评分。

③实地判断缺损原因,确定维修范围及方式。

④对难判断损坏原因和程度的部件,提出特殊检查(专门检查)的要求。

⑤对损坏严重危及安全运行的危桥,提出限制交通或改建的建议。

⑥根据桥梁的技术状况,确定下次检查时间。

对于特大型、大型桥梁的控制检测,主要工作有:

①设立永久性观测点定期进行控制检测。控制检测的项目及永久性观测点见表4.1。特大型桥梁或特殊桥梁还可根据养护、管理的需要增加相应的控制检测项目。

表4.1 桥梁永久性观测点和检测项目

序号	检测项目	观测点
1	墩、台身、索塔、锚碇的高程	墩、台身底部(距地面或常水位0.5~2 m)、桥台侧墙尾部顶面和锚碇的上、下游各1~2点
2	墩、台身、索塔倾斜度	墩、台身底部(距地面或常水位0.5~2 m)的上、下游各1~2点
3	桥面高程	沿行车道两边(靠缘石处),按每孔跨中、L/4、支点等不少于五个位置(10个点)。测点应固定于桥面板上
4	拱桥桥台、悬索桥锚碇水平位移	排座、锚碇的上、下游两侧各1点
5	悬索桥索卡滑移	索卡处设1点

②新建桥梁交付使用前,公路管理机构应事先要求桥梁建设单竣工时设置便于检测的永久性观测点。大桥、特大桥必须设置永久性观测点。测点的编号、位置(距离、标高和地物特征)和竣工测量数据,均应在竣工图上标明,作为验收文件中必要的竣工资料予以归档。

③应设而没有设置永久性观测点的桥梁,应在定期检查时按规定补设。测点的布设和首次检测的时间及检测数据等,应按竣工资料的要求予以归档。

④桥梁主体结构维修、加固或改建前后,必须进行控制测量,以保持观测资料的连续性。若控制点有变动应及时检测,建立基准数据。

⑤桥梁永久性观测点的设置要牢固可靠,当永久控制测点与国家大地测量网联络有困难时,可建立相对独立的基准测量系统。

⑥特大、大、中桥墩(台)旁,必要时可设置水尺或标志,以观测水位和冲刷情况。

桥梁检查中发现的各种缺损均应在现场用油漆等将其范围及日期标记清楚。发现三类以上桥梁及有严重缺损和难以判明损坏原因和程度的桥梁,应作影像记录,并附病害状况说明。

桥梁定期检查后应提出下列文件：

①桥梁定期检查数据表。当天检查的桥梁现场记录,应在次日内整理成每座桥梁定期检查数据表。

②典型缺损和病害的照片及说明。缺损状况的描述应采用专业标准术语,说明缺损的部位、类型、性质、范围、数量和程度等。

③两张总体照片。一张桥面正面照片,一张桥梁上游侧立面照片。桥梁改建后应重新拍照一次。如果桥梁拓宽改造后,上下游桥梁结构不一致,还要有下游侧立面照片,并标注清楚。

④桥梁清单。

⑤桥梁基本状况卡片。定期检查完成后,应将本次检查的桥梁各部位技术状况评定结果登记在桥梁基本状况卡片内。

⑥定期检查报告。该报告应包括下列内容：

a.辖区内所有桥梁的保养小修情况。

b.需要大中修或改建的桥梁计划,说明修理的项目,拟用的修理方案,估计费用和实施时间。

c.要求进行特殊检查桥梁的报告,说明检验的项目及理由。

d.需要限制桥梁交通量的建议报告。

（3）特殊检查

①特殊检查应根据桥梁的破损状况和性质,采用仪器设备进行现场测试、荷载试验及其他辅助试验,针对桥梁现状进行检算分析,形成鉴定结论。

②实施专门检查前,承担单位负责检查的工程师应充分收集资料,包括设计资料（设计文件、计算所用的程序、方法及计算结果）竣工图、材料试验报告、施工记录、历次桥梁定期检查和特殊检查报告,以及历次维修资料等。原资料如有不全或疑问时,可现场测绘构造尺寸,测试构件材料组成及性能勘查水文地质情况等。

③桥梁特殊检查应根据需要对下三个方面问题做出鉴定：

a.桥梁结构材料缺损状况。包括对材料物理、化学性能退化程度及原因的测试鉴定;结构或构件开裂状态的检测及评定。

b.桥梁结构承载能力。包括对结构强稳定性和刚度的检算、试验和鉴定。

c.桥梁防灾能力。包括桥梁抵抗洪水、流冰、风地震及其他地质灾害等能力的检测鉴定。

d.桥梁结构材料缺损状况鉴定,可根据鉴定要求和缺损的类型、位置,选择表面测量、无破损检测和局部取试样等有效可靠的方法。试样应在有代表性构件的次要部位获取。

e.桥梁结构检算及承载力试验应按国家及行业有关标准和技术规范进行。

f.桥梁抗灾能力鉴定一般采用现场测试与检算的方法,特别重要的桥梁可进行模拟试验。

④桥梁结构检算及承载力试验应按国家及行业有关标准和技术规范进行。

⑤桥梁抗灾能力鉴定一般采用现场测试与检算的方法,特别重要的桥梁可进行模拟试验。

⑥原设计条件已经变化的,所有鉴定都应针对当时桥梁的实际状况,不能套用原设计的资料数据。

⑦特殊检查报告包括下列主要内容:

a.概述检查的一般情况。包括桥梁的基本情况、检查的组织、时间、背景和工作过程等。

b.描述目前的桥梁技术状况。包括现场调查、试验与检测的项目及方法、检测数据与分析结果和桥梁技术状况评价等。

c.详细叙述检查部位的损坏程度及原因,并提出结构部件和总体的维修、加固或改建的建议方案。

【引】美国标准①规定,外观检测包括初步检查、常规检查、深度检查、断裂关键构件检查、水下检查、特殊检查,以及损坏检查。

(1)初步检查

在初步检查前,根据NBI数据审查所有计划和相关信息。

按照前述要求进行初步检查与例行检查程序,收集理想的NBI数据,例如可以正确识别现有缺陷和条件等级的编码数据。

确保相关照片是在初次检查期间拍摄的,遵循由桥梁业主制订的协议。

(2)常规检查

按照BIRM中规定的目视检查方法,对每个桥接单元进行检查。如果通过此方法发现疑似缺陷的地方,应进一步进行检查。

首先要确定所有条件额定值、桥梁元素数量和状态数量,在遵循FHWA、AASHTO指南和国家指导文件中的重要原则前提下,对其进行权重分配。其次还要评估桥梁站点发布的所有高度和重量限制是否正确。最后,对重量或高度发布值应谨慎修改。

(3)深度检查

必要时进行深度检查,检查时使用目视或高级技术提供信息或数据,提供交通管制和专用设备,如桥下检查设备、工作船等,以获得在常规检查期间无法进入的区域的进入权限。必要时还应派遣潜水员等拥有特殊技能的工作人员进行深入检查。此外,某些特殊情况下还要使用更先进的检查方法,如无损现场试验或材料试验。

---

①美国,《桥梁评估手册》(*The Manual for Bridge Evaluation*)。

（4）断裂关键构件检查

断裂关键构件检查需要对检查文件中显示的整个断裂关键组件进行检查,包括非破坏性测试或非破坏性评估。根据 FHWA-IP-86-26 进行断裂关键构件中提供的指导进行断裂关键构件检查,检测造成断裂的关键桥梁组件。

（5）水下检查

水下检查按照方法和技术进行处理,包括评估邻近的桥梁所受水流的冲刷程度,记录水下检查信息并补充到桥梁信息库中。

（6）特殊检查

根据 BIRM 执行特殊检查。在桥梁库存中记录特殊检查,并相应地更新 NBI 项目。

（7）损坏检查

根据 BIRM 中描述的目视检查方法检查所有损坏的桥梁元件。如果通过目视检查怀疑存在重大缺陷,使用 BIRM 中描述的高级检查方法进行检查。可以通过及时深入检查来补充此检查,以获取微调负载分析的数据,确定修复数量/方法或调整负载限制所需的额外数据。

【注】国内规范将桥梁运营期外观检测分为经常检查、定期检查和特殊检查（专门检查、应急检查）,不针对检测的某一项列出技术手段,而是对该类检测用到的技术手段进行统一规定。

美国规范[1]将外观检测分为初始检查、常规检查、深度检查、断裂关键构件检查、水下检查、特殊检查和损坏检查。与国内规范一样,也是对该类检测用到的技术手段进行统一描述（如目测等）。

英国规范并未列出桥梁运营期外观检测的技术手段。

法国规范未对外观检测进行分类,而是将问题分为主要的三类（起泡、开裂、剥落）,针对问题详细描述其采用的技术手段。

可以看出,中国与美国的规范体系及规定较为相似,将所有问题的技术手段进行统一阐述,而欧洲国家则是针对具体问题进行规定,更具针对性。

2）混凝土强度检测

《公路桥梁承载能力检测评定规程》（JTG/T J21—2011）规定,对桥梁结构的混凝土强度可以通过以下 3 种方法进行检测:

①回弹法;
②超声回弹法;
③取芯法。

---

[1] 美国,《路面和桥梁维护手册》（*AASHTO Maintenance Manual for Roadways and Bridges*）。

【引】根据法国标准①的规定,桥梁结构混凝土强度的检测方法为:在不破坏混凝土的前提下通过回弹法测定混凝土表面硬度,使用硬度计测定其硬度指数。此外,也有标准②规定,结构混凝土强度的检测与评定可以通过劈裂试验进行。

【注】国内规范对桥梁结构混凝土强度的检测通常采用三种方法,法国标准①-②规定了两种方法。相同的是,国内外规范都提供了回弹法测定混凝土强度。

3)钢筋锈蚀电位检测

《公路桥梁承载能力检测评定规程》(JTG/T J21—2011)规定,对桥梁钢筋锈蚀电位可以通过半电池电位法进行检测:对混凝桥梁主要构件或主要受力部位应布设测区检测钢筋锈蚀电位每测区的测点数不宜少于20个。

混凝中钢筋锈蚀电位检测宜采用半电池电位法参考电极可采用铜/硫酸铜半电池电极。

【引】根据美国标准③的规定,钢筋锈蚀电位的检测与判定包括:

(1)腐蚀电流腐蚀测试

盐污染导致的混凝土桥面腐蚀是桥梁维护所要处理的主要问题。为寻找更快、更可靠、更精确的腐蚀损伤检测和量化方法,研究人员进行了大量的研究和开发工作使得桥梁维护管理更加有效。其中一项研究是开发一种基于确定钢筋极化电位的腐蚀速率测量方法。测试应在半电池测试确定的最高腐蚀电位(负峰值)的位置进行。但是在使用环氧树脂涂层或镀锌钢筋的情况下,不应进行腐蚀速率测试。

(2)混凝土的渗透性测试

该测试是为了确定混凝土(或混凝土覆盖层)的相对渗透性。渗透性由通过混凝土的电荷表示,以库仑为单位。

【注】国内外规范测定钢筋的锈蚀电位采用的方法都是半电池电位法。

4)混凝土中氯离子含量检测

根据《公路桥梁承载能力检测评定规程》(JTG/T J21—2011的规定,可采用在结构构件上钻取不同深度的混凝土粉末样品通过化学分析测定结构混凝土中氯离子含量。

【引】法国标准②规定,对桥梁结构混凝土中氯化物含量进行检测可以采用以下方法:

除非工程项目另有规定,每个混凝土的氯化物含量等级均有明确规定,预应力的混凝土除外。

如表4.2所示,规范中定义了4类氯化物(0.20、0.40、0.65和1.0)。该比率对应于

---

① 法国,《混凝土—通过回弹法使用硬度计测量表面硬度》(*Concrete-Measurement of Surface Hardness Using a Hardness Tester by Rebound Method*);

② 法国,《混凝土劈裂试验》(*Concretes Splitoing Test*);

③ 美国,《路面和桥梁维护手册》(*AASHTO Maintenance Manual for Roadways and Bridges*)。

最大氯离子含量相对于水泥的质量。

表4.2　与混凝土用途有关的氯化物等级

工况	氯化物类别	最大氯离子含量相对于水泥质量考虑的添加量
含预应力钢筋	Cl 0.20	0.20%
含钢框架或嵌入式金属部件	Cl 0.40	0.40%
含铁或非合金钢或零件	Cl 0.65	0.65%
不含电路系统或电路系统钢制	Cl 1.0	1%

根据美国标准①的规定,对桥梁结构混凝土中氯化物含量进行检测可以采用以下的方法:

用混凝土钻头在混凝土表面和钢筋处收集混凝土粉末样品。粉末的氯化物(盐)含量以 kg/m^3(或 lb/ft^3)为单位在现场使用便携式工具包进行测量,或送到实验室进行测试。

【注】国内外规范均采用取样进行化学分析的方法测定混凝土中的氯离子含量。

5)混凝土中钢筋分布及保护层厚度的检测

《公路桥梁承载能力检测评定规程》(JTG/T J21—2011)规定,对桥梁混凝土中钢筋分布及保护层厚度可以通过电磁无损方法进行检测,辅以现场修正确定保护层厚度,估测钢筋直径。

【引】根据美国标准②的规定,对桥梁混凝土中钢筋分布及保护层厚度可以通过相应的检测方法获得。如果已知钢筋的尺寸,则可以检测到钢筋在混凝土中的位置。如果要去除部分表面混凝土保护层,则需要估计混凝土覆盖层的深度。通过暴露钢筋并将读数并与实际深度进行比较,有助于在任何位置检查仪器的精度和校准。这可以减小混凝土中可能含有的干扰仪器测量的磁性颗粒带来的不利影响。

【注】国内外测定混凝土中的钢筋分布与保护层厚度时,所采用的方法均为电磁检测法,这种方法不会对构件产生损伤,精度也较高。

6)混凝土碳化深度检测

根据《公路桥梁承载能力检测评定规程》(JTG/T J21—2011)的规定,可采用在混凝土新鲜断面观察酸碱指示剂反应厚度的方法测定混凝土碳化深度。

---

①美国,《路面和桥梁维护手册》(*AASHTO Maintenance Manual for Roadways and Bridges*)。

【注】国内规范对混凝土碳化深度的检测方法进行了规定，国外规范暂无对相关检测的内容。

7) 混凝土电阻率检测

根据《公路桥梁承载能力检测评定规程》（JTG/T J21—2011）的规定，可采用四电极法检测混凝土电阻率。

【注】国内规范对混凝土电阻率的检测方法进行了规定，国外规范暂无对相关检测的内容。

8) 钢结构检测

《公路桥涵施工技术规范》（JTG/T 3650—2020）规定，钢结构的焊缝质量可以通过以下方法进行试验检测：

焊缝经外观检查合格后方可进行无损检测，无损检测应在焊接 24 h 后进行。箱型构件棱角焊缝探伤的最小有效厚度为 $\sqrt{2t}$（t 为水平板厚度，以 mm 计），当设计有熔深要求时应遵从其规定。焊缝无损检测的质量分级、检验方法、检验部位和等级应符合表 4.3 的规定。

表 4.3　焊缝无损检测质量等级及探伤范围

焊缝名称	质量等级	探伤方法	检验等级	探伤比例	探伤部位
横向对接焊缝（顶板、底板、腹板、横隔板等）	I 级	超声波探伤（UT）	B（单面双侧）	100%	焊缝全长
纵向对接焊缝（顶板、底板、腹板等）					端部 1 m 范围内为 I 级，其余部位为 II 级
T 形接头和角接接头熔透角焊缝			B		焊缝全长
横隔板纵向对接焊缝			B		焊缝全长
部分熔透角焊缝	II 级		B	100%	焊缝两端各 1 m
焊脚尺寸≥12 mm 的角焊缝			A		焊缝两端各 1 m

续表

焊缝名称		质量等级	探伤方法	检验等级	探伤比例	探伤部位
纵向对接焊缝	顶板	Ⅱ级	射线探伤(RT)	B	10%	中间 250～300 mm
	底板、腹板					焊缝两端各 250～300 mm
横隔板横向对接焊缝					5%	下部 250～300 mm
横向对接焊缝(顶板、底板、腹板等)					10%	两端各 250～300 mm,长度大于 1 200 mm 中间加探 250～300 mm
梁段间对接焊缝	顶板十字交叉焊缝				100%	纵、横向各 250～300 mm
	底板十字交叉焊缝				30%	
	腹板				100%	焊缝两端各 250～300 mm
连接锚箱或吊耳板的熔透角焊缝		Ⅱ级	磁粉探伤(MT)	—	100%	焊缝全长
U 形肋对接焊缝						焊缝全长
横隔板与腹板角焊缝						焊缝两端各 500 mm
U 形肋与顶(底)板角焊缝						每条焊缝两端各 1 000 mm,其中行车道范围的顶板角焊缝为两端各 2 000 mm
横隔板与顶(底)板角焊缝						行车道范围总长的 20%
腹板与底板角焊缝						焊缝两端各 1 000 mm,中间每隔 2 000 mm 探 1 000 mm
临时连接(含马板)						拆除临时连接的部位

注:探伤比例指探伤接头数量与全部接头数量之比。

【引】根据国际标准化组织标准①的规定,可使用超声波剪切波技术检测钢结构的缺陷。

测试时,扫描仪器扫描整个钢管表面,并根据扫描仪的尺寸计算覆盖范围。测试过程中扫描仪器相对移动速度的变化不应超过 10%。钢管两端可能有一段相对较短的部无法进行测试。任何未测试的末端应按照相应产品标准的要求进行处理。

除非甲方和制造商另有约定,对于所要求的检测类型,测试应按两个相反方向进行,

---

①国际标准化组织,《钢管的无损检测——第 10 部分:无缝钢管和焊接钢管(埋弧焊除外)纵向和/或横向缺陷自动全周边超声检测》(*Non-destructive Testing of Steel Tubes-Part* 10:*Automated Full Peripheral Ultrasonic Testing of Seamless and Welded* (*except submerged arc-welded*) *Steel Tubes for the Detection of Longitudinal and/or Transverse Imperfections*)。

顺时针和逆时针检测纵向缺陷,分别从两端检测横向缺陷。

对于纵向缺陷的检测,平行于钢管长轴测量的单个扫描仪的最大宽度应为 25 mm。对于外径等于或小于 50 mm 的钢管,任何一个扫描仪宽度通常不得超过 12.5 mm。

在使用兰姆波技术或相控阵技术的情况下,平行于管长轴测量的扫描仪最大宽度应限制在 35 mm。

对于横向缺陷的检测,每个单独的扫描仪的最大宽度,应该是 25 mm,测量垂直于钢管的长轴。

对于横波技术,扫描仪的超声波测试频率应为 1～15 MHz,对于兰姆波技术,扫描仪的超声波测试频率应为 0.3～1 MHz。扫描仪的超声波测试频率取决于扫描仪的性能,以及被测钢管的厚度和表面光洁度。

扫描仪应能够通过自动触发/报警系统结合标记和分类系统将钢管分类为警告或可疑两类。

【注】国内外规范对桥梁钢结构检测方法的规定基本一致,均为超声波、射线和磁粉探伤。但是国内外检测的重点不同,国内规范侧重于焊缝检测,国外规范不仅有焊缝检测,还有构件检测。国外规范对上述检测方法有较高的要求。

9) 桥梁静载试验

根据《公路桥梁荷载试验规程》(JTG/T J21-01—2015)的规定,桥梁静载试验可通过以下方式进行:

(1)试验工况及测试截面

①桥梁静载试验应按桥梁结构的最不利受力原则和代表性原则确定试验工况及测试截面。

注意:测试截面选择时,通常根据桥梁结构的内力包络图,并考虑应力分布,按最不利受力原则选定截面,然后拟定相应的试验工况。

②常见桥梁静载试验工况及测试截面宜按表 4.4 确定。其中,主要工况应为必做工况,附加工况可视具体情况由试验检测者确定是否进行。测试最大正弯矩产生的应变时,宜同时测试该截面的位移。

表 4.4　常见桥梁静载试验工况及测试截面

桥型	试验工况		测试截面
简支梁桥	主要工况	跨中截由主梁最大正考距工况	跨中截面
	附加工况	1. $L/4$ 截面主梁最大弯矩工况 2. 支点附近主梁最大剪力工况	1. $L/4$ 截面 2. 梁底距支点 $b/2$ 截面内侧向上 45°斜线与截面形心相交位置

桥型		试验工况	测试截面
连续梁桥	主要工况	1. 主跨支点位置最大负弯矩工况 2. 主跨跨中截面最大正弯矩工况 3. 边跨主梁最大正弯矩工况	1. 主跨支点截面 2. 主跨最大弯矩截面 3. 边跨最大弯矩截面
	附加工况	主跨支点附近主要最大剪力工况	计算确定截面位置
悬臂桥梁	主要工况	1. 墩顶支点截面主梁最负弯矩工况 2. 锚固跨中最大正弯矩工况	1. 墩顶支点截面 2. 锚固孔最大正弯矩截面
	附加工况	1. 墩顶支点截面最大剪力工况 2. 挂孔跨中最大正弯矩工况 3. 挂孔支点截面最大剪力工况 4. 悬臂端最大挠度工况	1. 计算确定具体截面位置 2. 挂孔跨中截面 3. 挂孔梁距支点截面 $h/2$ 截面向上 45°斜线与挂孔截面形心线相交位置 4. 悬臂端截面
三铰拱桥	主要工况	1. 拱顶最大剪力工况 2. 拱脚最大水平推力工况	1. 拱顶两侧 1/2 梁高截面 2. 拱脚截面
	附加工况	1. $L/4$ 截面最大弯矩和负弯矩工况 2. $L/4$ 截面正负挠度绝对值之和最大工况	1. 主拱 $L/4$ 截面 2. 主拱 $L/4$ 截面及 $3L/4$ 截面
两铰拱桥	主要工况	1. 拱顶最大正弯矩工况 2. 拱脚最大水平推力工况	1. 拱顶截面 2. 拱脚截面
	附加工况	1. $L/4$ 截面最大正弯矩和负弯矩工况 2. $L/4$ 截面正负挠度绝对值之和最大工况	1. 主拱 $L/4$ 截面 2. 主拱 $L/4$ 截面及 $3L/4$ 截面
无铰拱桥	主要工况	1. 拱顶最大正弯矩及挠度工况 2. 拱脚最大负弯矩工况 3. 系杆拱桥跨中附近吊杆最大拉力工况	1. 拱顶截面 2. 拱脚截面 3. 典型吊杆
	附加工况	1. 拱脚最大水平推力工况 2. $L/4$ 截面最大正弯矩和负弯矩工况 3. $L/4$ 截面正负挠度绝对值之和最大工况	1. 拱脚截面 2. 主拱 $L/4$ 截面 3. 主拱 $L/4$ 截面及 $3L/4$ 截面
门式钢架桥	主要工况	1. 拱顶截面最大正弯矩工况 2. 锚固端最大正弯矩工况	1. 跨中截面 2. 锚固端梁或立墙截面
	附加工况	锚固端截面最大剪力工况	锚固端梁截面

续表

桥型	试验工况		测试截面
T形刚构桥	主要工况	1. 墩顶截面最大负弯矩工况 2. 挂孔跨中主梁最大正弯矩工况	1. 墩顶截面 2. 挂孔跨中截面
	附加工况	1. 墩顶支点附近主梁最大负弯矩工况 2. 挂孔支点截面最大剪力工况	1. 计算确定具体截面位置 2. 挂孔梁底距支点 h/2 截面向上45°斜线与挂孔截面形心相交位置
连续刚构桥	主要工况	1. 主梁墩顶截面主梁最大负弯矩工况 2. 主跨跨中截面主梁最大正弯矩及挠度工况 3. 边跨主梁最大正弯矩及挠度工况	1. 主跨墩顶截面 2. 主跨最大正弯矩截面 3. 边跨最大正弯矩截面
	附加工况	1. 墩顶界面最大剪力工况 2. 墩顶纵桥向最大水平位移工况	1. 计算确定具体截面位置 2. 墩顶截面
斜拉桥	主要工况	1. 主梁中孔跨最大正弯矩及挠度工况 2. 主梁墩顶最大负弯矩工况 3. 主塔塔顶纵桥向最大水平位移与塔脚截面最大弯矩工况	1. 主跨最大正弯矩截面 2. 墩顶截面 3. 塔顶界面及塔脚最大弯矩截面
	附加工况	1. 中孔跨中附近最大拉力工况 2. 主梁最大纵向偏移工况	1. 典型拉索 2. 加劲梁两端
悬索桥	主要工况	1. 加劲梁跨中最大正弯矩及挠度工况 2. 加劲梁 3L/8 截面最大正弯矩工况 3. 主塔塔顶纵桥向最大水平位移与塔脚界面最大弯矩工况	1. 中跨最大弯矩截面 2. 中跨 3L/8 截面 3. 塔顶界面及塔脚最大弯矩截面
	附加工况	1. 主缆锚跨索股最大张力工况 2. 加劲梁梁端最大纵向飘移工况 3. 吊杆活载张力最大增量工况 4. 吊杆张力最不利工况	1. 主缆锚固区典型索股 2. 加劲梁两端 3. 典型吊杆 4. 最不利吊杆

③在确定异型桥梁和其他组合体系桥梁试验工况时,应根据荷载情况和结构主要力学特征,经计算确定试验工况及相应的测试截面。

注意:异型桥梁和组合体系桥梁结构形式较多,测试截面及其相应的荷载工况通常结合理论计算成果和结构具体特征确定。计算时除考虑弯矩、剪力、轴力等最不利受力工况外,通常还要考虑扭矩及弯矩耦合等受力工况,并关注梁端支座反力的变化。

④加固或改建后的桥梁应根据其最终结构体系受力特点,按最不利受力的原则。结合加固或改建的具体内容、范围及改造前病害严重程度选择测试截面,确定相应的试验

工况。

⑤当加固或改建后的桥梁有下列情况之一时,除按《公路桥梁荷载试验规程》(JTG/T J21-01—2015)第5.2.2条确定试验工况及测试截面外,尚应按下述原则增加试验工况和测试截面:

a. 采用增大边梁截面法进行改造后的多梁式梁(板)桥,宜根据结构对称性增加横桥向的偏载工况。

b. 采用置换混凝土进行改造的桥梁,宜在混凝土置换区内增加测试截面,并确定相应的试验工况。

c. 受力裂缝宽度超过设计规范限值且经过修补的结构构件,宜在典型裂缝位置增加测试截面,并确定相应的试验工况。

注意:采用置换混凝土或裂缝修补等技术后,为验证处置效果,了解新旧混凝土的协调变形能力及裂缝修补后的工作性能,在修补区域专门设置试验工况和测试截面。

⑥加宽后桥梁试验工况和测试截面除应符合《公路桥梁荷载试验规程》(JTG/T J21-01—2015)第5.2.2条的规定外,尚应针对新旧结构分别设置试验工况和测试截面,并增设横向联系试验工况。

注意:桥梁加宽后,若新旧结构自身刚度或其边界支撑刚度存在较大差异,新旧结构的荷载横向分布及横向联系的内力会较加宽前发生明显变化,因此在静载试验中进行针对性的局部试验。

⑦对在用桥梁进行静载试验时,除应符合《公路桥梁荷载试验规程》(JTG/T J21-01—2015)表5.2.2的规定外,尚应根据结构损伤的程度、部位及特征,结合计算分析成果,增加测试截面和试验工况。

(2)试验荷载

①静载试验应根据试验目的确定试验控制荷载。交竣工验收荷载试验,应以设计荷载作为控制荷载;否则,应以目标荷载作为控制荷载。

②静载试验荷载效率 η_q,对交(竣)工验收荷载试验,宜为 0.85 ~ 1.05;否则宜为 0.95 ~ 1.05。η_q 应按式(4.1)计算。

$$\eta_q = \frac{S_\mu}{S(1 + \mu)} \qquad (4.1)$$

式中:S_μ——静载试验荷载作用下,某一加载试验项目对应的加载控制截面内力或位移的最大计算效应值;

S——控制荷载产生的同一加载控制截面内力或位移的最不利效应计算值;

μ——按规范取用的冲击系数值。

注意:荷载试验中实际采用的试验荷载与控制荷载往往不同,为保证试验效果,通常采用控制截面的静载试验荷载效率进行控制,整体式结构的控制截面为整体截面,多梁(肋)式结构的控制截面是受力最不利梁(肋)的控制截面。中小跨径桥梁多为多梁(肋)式结构,是针对单梁(肋)按照横向分布理论进行的设计,荷载试验通常以内力效应最大的梁(肋)为试验加载控制对象,兼顾其他梁的荷载效率不超限。

分析表明,对多梁(肋)式结构,当设计车道数大于或等于3,在横向按照车道数进行布载时,如果以0.85的荷载效率在整体截面上加载,则各单梁(肋)的荷载效率远达不到0.85;如果中梁(肋)以荷载效率085～1.05进行加载时,则其他梁(肋)不会超过1.05,如果边梁(肋)以荷载效率0.85～1.05进行加载时,则其他梁(肋)的荷载效率可能会超过1.05。

当温度变化对桥梁结构内力影响较大时,通常选择温度内力较不利的季节进行荷载试验,或者采用增大试验荷载效率的方法来弥补温度对结构控制截面产生的内力。

③静载试验可采用车辆加载或加载物直接加载。采用车辆加载时,宜采用三轴载重车辆,载重的重物应稳妥置放。

注意:加载物加载准备工作量大,加卸载周期较长,交通中断时间亦较长。因此,通常采用车辆加载。

选用车辆加载时,装载的重物稳妥置放,以避免车辆行驶时因晃动而改变重物的位置,引起轴(轮)重的改变。选用加载物加载时,一般按照控制荷载的着地轮迹先搭设承载架,再在承载架上堆放重物或设置水箱进行加载。当仅为满足控制截面内力要求时,也可直接在桥面上堆放重物或设置水箱进行加载。

④在进行大型特殊车辆荷载试验时,宜按实际轮位和轴重的模拟荷载或等效荷载进行。

⑤试验前应对试验荷载进行标记、称重。采用加载车辆加载时,应详细记录各车编号、车重、轴重、轴距及轮重。采用加载物加载时,应根据加载分级情况,分别编号、称量、记录各级荷载量。

注意:采用车辆加载时,装载物通常采用外形规则的物体并整齐码放,或采用松散均匀材料在车厢内摊铺平整,将车辆逐轴开上称重台称重,或采用便携式轮重秤逐轮进行称重。

采用水箱或重物在桥面上堆放加载时,一般通过测量水箱或重物的体积与密度来换算其重量。当采用加载物分布在桥面上加载时,通常将重物化整为零称量后按逐级加载要求分堆放置,以便加载时取用。通常根据不同的加载方法和具体条件选用称重法或体积法等方法称量加载重量。

⑥加载车辆单轴重量不应超过相关标准、规范的规定。必要时,应验算桥面板等局部构件的承载能力和裂缝宽度。

注意:本条主要是为了保证桥面板局部承载安全,保证桥梁不会发生局部加载破坏或严重开裂。

(3)测点布置

应变测点应根据测试截面及测试内容合理布置,并应能反映桥梁结构的受力特征。

单向应变测点布置应体现左右对称、上下兼顾、重点突出的原则,并应能充分反映截面高度方向的应变分布特征。单点应变花测点的布置不宜少于两组。测点布置完毕,应准确测量其位置。

（4）实验过程控制及记录

①正式加载之前应进行预加载。

注意：一般采用分级加载的第一级荷载或单辆试验车作为预加载。

②试验荷载应分级施加，加载级数应根据试验荷载总量和荷载分级增量确定，可分成 3～5 级。当桥梁的技术资料不全时，应增加分级。重点测试桥梁在荷载作用下的响应规律时，可加密加载分级。

③加卸载过程中，应保证非控制截面内力或位移不超过控制荷载作用下的最不利值。

④当试验条件限制时，附加工况的控制截面可只进行最不利加载。

⑤试验加载过程中，应记录结构出现的异常响动、失稳、扭曲、晃动等异常现象，并采取相应处理措施。

⑥加载时间间隔应满足结构反应稳定的时间要求。应在前一级荷载阶段内结构反应相对稳定、进行了有效测试及记录后方可进行下一级荷载试验。当进行主要控制截面最大内力（变形）加载试验时，分级加载的稳定时间不应少于 5 min；对尚未投入运营的新桥，首个工况的分级加载稳定时间不宜少于 15 min。

注意：加卸载稳定时间取决于结构变形达到稳定所需的时间。同一级荷载内，结构最大变形测点在最后 5 min 的变形增量小于第一个 5 min 变形增量的 15%，或小于测量仪器的最小分辨值时，通常认为结构变形达到相对稳定。

若因连接较弱或变形缓慢而造成测点观测值稳定时间较长，如结构的实测变形（或应变）值远小于计算值，一般适当延长加载稳定时间。

⑦应根据各工况的加载分级，对各加卸载过程结构控制点的应变（或变形）、薄弱部位的破损情况等进行观测与分析，并与理论计算值对比。当试验过程中发生下列情况之一时，应停止加载，查清原因，采取措施后再确定是否进行试验：

a.控制测点应变值已达到或超过计算值。

b.控制测点变形（或挠度）超过计算值。

c.结构裂缝的长度、宽度或数量明显增加。

d.实测变形分布规律异常。

e.桥体发出异常响声或发生其他异常情况。

f.斜拉索或吊索（杆）索力增量实测值超过计算值。

⑧观测与记录应符合下列规定：

a.加载试验之前应对测试系统进行不少于 15 min 的测试数据稳定性观测。

b.应做好测试时间、环境气温、工况等记录。宜采用自动记录系统并对关键点进行实时监控。当采用人工读数记录时，读数应及时、准确，并记录在专用表格上。

c.试验前应对既有裂缝的长度、宽度、分布及走向进行观测、记录，并将其标注在结构上；试验时应观测新裂缝的长度、宽度及既有裂缝发展状况，并描绘出结构表面裂缝分布及走向,并专门记录。

注意:环境温度变化对超静定结构内力有一定影响。测试周期较长时,温度变化等引起的结构内力和变形就会对测试结果产生影响,因此需要进行稳定性观测,以便对观测成果进行修正。采用自动记录系统有利于提高采集效率和精度。裂缝观测的重点是结构承受拉力较大部位及原有裂缝较长、较宽的部位。裂缝记录通常包括裂缝长度、宽度、走向及相应的荷载工况。

【注】国内规范对桥梁静载试验的技术手段规定非常具体,详细规定了各类桥梁的试验工况、截面、加载过程、结构分析等各环节的具体要求。国外规范并未对桥梁静载试验的技术手段进行规定。

10)桥梁动载试验

根据《公路桥梁荷载试验规程》(JTG/T J21-01—2015)的规定,桥梁动载试验可通过如下方法进行:

(1)试验工况及测试截面

①桥梁动载试验工况应根据具体的测试参数和采用的激振方法确定。

②激振方法可根据结构特点、测试的精度要求、方便性及现场实际情况确定,宜采用环境随机激振法、行车激振法和跳车激振法,也可采用起振机激振法或其他激振方法。

注意:环境随机激振法(脉动法),是指在桥面无任何交通荷载以及桥址附近无规则振源的情况下,通过测定桥梁由风荷载、地脉动、水流等随机激励引起的微幅振动来识别结构自振特性参数的方法,该方法需对采集的长样本信号进行能量平均,以便消除随机因素的影响。对悬索桥、斜拉桥等自振频率较低的桥型,为保证频率分辨率和提高信噪比,采集时间一般不小于30 min。对小跨径桥梁,采集时间可以酌情减少。环境激振法更适合大跨柔性桥梁。

行车激振法,是利用车辆驶离桥面后引起的桥梁结构余振信号来识别结构自振特性参数,对小阻尼桥梁效果较好。为提高信噪比,获取尽可能大的余振信号,可采用不同的车速进行多次试验,或在桥跨特征截面设置弓形障碍物进行激振(有障碍行车激振)。通常结合行车动力响应试验统筹考虑获取余振信号。

跳车激振法,是通过让单辆载重汽车的后轮在指定位置从三角形垫块上突然下落对桥梁产生冲击作用。激起桥梁的振动。该方法更适用于其他方法不易激振的、刚度较大的桥梁,如石拱桥、小跨径梁式桥等。

梁式桥采用跳车激振法时,一般进行车辆自重附加质量影响的修正。研究表明,对跨径小于20 m的简支梁桥,车辆自重的影响是不可忽略的。

起振机激振法,是指利用起振机采用可控的定点正弦激励或正弦扫描激励使结构产生稳态振动。该方法测试精度高,但需要较为庞大的起振机设备,运输不方便,同时安装起振机对桥面将产生一定的损伤。在需要高精度识别桥梁结构动力特性时,可以采用此方法。

③测试截面及测点布置应符合下列规定:

a. 桥梁动载试验的测试截面应根据桥梁结构振型特征和行车动力响应最大的原则确定。一般可根据桥梁结构规模按跨径 8 等分或 16 等分简化布置。桥塔或高墩,宜按高度分 3~4 个节段分段布置。

b. 对常见的简支梁桥及连续梁桥,根据具体情况可参照表 4.5—表 4.7 选择测试截面。

c. 大型桥梁振型测试可将结构分成几个单元分别测试,整个试验布置一固定参考点(应避开振型节点),每次测试都应包括固定参考点。将几个单元的测试数据通过参考点关联,拟合得到全桥结构振型图。

d. 在测试桥梁结构行车效应时,应选择桥梁结构振动响应幅值最大部位为测试截面。简单结构宜选择跨中 1 个测试截面,复杂结构应增加测试截面。

e. 用于冲击效应分析的动挠度测点每个截面应至少 1 个。采用动应变评价冲击效应时,每个截面在结构最大活载效应部位的测点数不宜少于 2 个。

表 4.5　简支梁桥前 5 阶模态的传感器布置方案

模态阶数	至少需要传感器数	测点布置方案
1	1	$L/2$
2	2	$L/4,3L/4$
3	3	$L/6,L/5,5L/6$
4	4	$L/8,3L/8,5L/8,7L/8$
5	5	$L/10,3L/10,L/2,7L/10,9L/10$

注:L 为简支梁桥的计算跨径。

表 4.6　两等跨连续梁前 4 阶模态的传感器布置方案

模态阶数	至少需要传感器数	测点布置方案
1	2	$L/4,3L/4$
2	4	$L/8,3L/8,5L/8,7L/8$
3	6	$L/12,L/4,5L/12,7L/12,3L/4,11L/12$
4	8	$L/16,3L/16,5L/16,7L/16,9L/16,11L/16,$ $L/12,13L/16,15L/16$

注:L 为桥梁跨径总长。

表4.7　三等跨连续梁前3阶模态的传感器布置方案

模态阶数	至少需要传感器数	测点布置方案
1	3	$L/6,L/5,5L/6$
2	6	$L/12,L/4,5L/12,7L/12,3L/4,11L/12$
3	9	$L/18,L/6,5L/18,7L/18,L/2,11L/18,$ $13L/18,5L/6,17L/18$

注:L为桥梁跨径总长。

④动力响应试验工况应包括下列主要内容:

a. 无障碍行车试验:宜在5~80 km/h内取多个大致均匀分布的车速进行行车试验。车速在桥联(孔)上宜保持恒定,每个车速工况应进行2~3次重复试验。

b. 有障碍行车试验:可设置如图4.1所示的弓形障碍物模拟桥面坑洼进行行车试验,车速宜取5~20 km/h,障碍物宜布置在结构冲击效应显著部位。

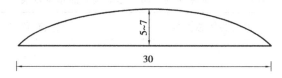

图4.1　弓形障碍物横断面示意图(单位:cm)

c. 制动试验:车速宜取30~50 km/h,制动部位应为动态效应较大的位置。对漂浮体系桥梁,应测试主梁纵向位移等项目。

注意:根据测试需要,加载车辆可以是单辆,也可以是两辆或多辆车。两辆或多辆车加载时,通常要注意车辆间的配合。

桥面无障碍行车试验的车速根据设计车速、路幅宽度、桥面线形、路况等因素综合考虑,采用测速仪或由实测时程信号在特征部位的起讫时间确定实际车速。在保证安全的情况下,通常取较大的车速范围。冲击系数是与桥面平整度、车-桥耦合振动等相关的随机变量,单次试验的随机性较大,影响评价的客观性,因此每个车速工况通常进行2~3次重复试验。

⑤宜首选无障碍行车试验,有障碍行车试验和制动试验可根据实际情况选择。

(2)试验荷载

①无障碍行车试验可采用与静载试验的加载车辆相同的载重车辆,车辆轴重产生的局部效应不应超过车辆荷载应,避免对横系梁、桥面板等局部构件造成损伤。

②2 无障碍行车试验荷载效率可按式(4.2)计算,η_d宜取高值,但不应超过1。

$$\eta_d = \frac{S_d}{S_{t\max}} \tag{4.2}$$

式中:η_d——动载试验荷载效率;

S_d——动载试验荷载作用下控制截面的最大内力或变形;

S_{tmax}——控制荷载作用下控制界面的最大内力或变形(不计冲击)。

③单辆车的动载试验响应偏低时,无障碍行车试验宜每个车道布置一辆试验车,横向并列一排同步行驶,在行驶过程中宜保持车辆的横向间距不变。

注意:对于大型桥梁,单辆车的荷载效率可能偏低,通常采用多辆车横向并列一排同步行驶进行行车试验。为保证试验的安全性,在纵桥向一般不安排车队。在实际操作中,为保证试验安全,荷载效率可酌情降低。

对于装配式结构,在保证试验安全的情况下,动挠度测试通常按照车辆行驶的轨迹线进行,必要时在桥面绘制行车线路标志。

④有障碍行车试验和制动试验可采用与无障碍行车试验相同的单辆或多辆载重车。

(3)试验过程控制及记录

①试验过程控制应包括下列内容:

a. 正式试验前应进行预加载试验,对测试系统进行稳定性检查。桥梁空载状态下动应变、动挠度信号在预定采集时间内的零点漂移不宜超过预计最大值的5%。

b. 宜根据预加载试验具体情况对试验方案或测试设备参数设置做调整。按照调整确定的试验方案与试验程序进行加载试验,观测并记录各测试参数,并采取措施避免电磁场以及对讲机、手机等对测试结果的影响。

c. 正式试验过程中,应根据观测和测试结果,实时判断结构状态是否正常,测试数据是否异常,是否需要终止试验,确保试验安全。各工况试验完成后,应对测试数据进行检查和确认。如发现幅值异常或突变、零点严重偏离、异常电磁干扰、噪声过大等,应在排除故障后重新进行试验。

d. 应保证记录的试验荷载参数,传感器规格、灵敏度、编号、连接通道号,适配器、采集器采样频率。滤波频率、换算系数等信息的完整性。

e. 全部试验完成后,应在现场对主要的测试数据进行检查和初步分析,确保测试数据的准确性和完整性。

注意:桥梁动态测试设备属弱电设备,设备需要远离电磁干扰源,因此要采取屏蔽措施。在仪器附近使用对讲机、手机等通信设备可能会产生意想不到的干扰,试验前通常进行必要验证,以控制此类干扰。

②动载试验测试系统的性能应满足试验对量程、精度、分辨率、稳定性、幅频特性,相频特性的要求。传感器安装应与主体结构保持良好接触,无相对振动。

③用于冲击系数计算分析的动挠度,动应变信号的幅值分辨率不应大于最大实测幅值的1%。

注意:对行车试验的动挠度、动应变信号进行采集和处理时,若幅值分辨率太低,结构动态增量、冲击系数分析结果就会产生较大误差。当幅值分辨率为实测时程曲线最大幅值的1%时,并假定冲击系数为0.10,则幅值分辨率这一因素产生的冲击系数测试误差不超过5%。

④进行数据采集和频谱分析时,应合理设置采样、分析参数,频率分辨率不宜大于实测自振频率的1%。

⑤采样频率宜取10倍以上的最高有用信号频率。信号采集时间宜保证频谱分析时谱平均次数不小于20次。常用的采集、分析参数设置见表4.8。

表4.8 动态信号采集主要参数设置及其相互关系

序号	参数名称	参数符号	单位	关系	建议取值
1	采样频率	f_s	Hz	$f_s = \dfrac{1}{\Delta T}$	$f_s \geq 10 f_{max}$
2	分析宽度	f_b	Hz	$f_b = \dfrac{f_s}{K}$	f_b 与 f_s 联动
3	频率分辨率	Δf	Hz	$\Delta f = \dfrac{f_b}{n_1} = \dfrac{f_s}{Kn_1} = \dfrac{f_s}{m_1}$	$\Delta f \leq 0.01 f_{max}$
4	数据块长度	m_1	点	$m_1 = K \times n_1 = f_s \times t$	与 n_1 联动
5	谱线度	n_1	线	$n_1 = \dfrac{f_b}{\Delta f} = \dfrac{f_s}{K \Delta f}$	由其他参数计算得到
6	样本时间长度	t	s	$t = \dfrac{m_1}{f_s} = \dfrac{n_1}{f_b}$	由其他参数导出

⑥在行车激振或跳车激振等强迫振动下,宜直接测试桥梁结构振动的加速度、速度和变形。

注意:对于超低频随机信号,微积分(特别是二次微积分)运算尚无法保证有足够的精度,且结果随机性大,因此避免使用通过间接物理量积分运算方法。

【引】根据国际标准化组织标准[①]的规定,桥梁动载试验的主要内容如下:

1)桥梁及其结构元件动态测试

在施工过程中,可以对桥梁或其结构元件进行动态测试,以确保其满足设计、建模和分析时所做的假设。

2)桥墩和桥台桩身垂直受力试验

(1)单桩动态试验

应注意确保仅对桩施加垂直力,尤其是当桩的一部分独立于地面以上时。

根据工作的桩身尺寸和重要性以及土层分布,可能需要在一个或多个桩上进行测试。在使用强力和重型激振器的情况下,可能需要考虑附加质量的影响。在低频下,可能难以获得足够的动态位移以产生实际的阻尼值。在较高频率下,阻尼项可能与频率

---

①国际标准化组织,《机械振动-评估桥梁动力试验和调查的测量结果》(*Petroleum and Natural Gas Industries-Drilling and Well-servicing Equipment*)。

有关。

动态桩测试可用于使用低得多的电源进行质量控制(如时域中的反射声波测试和频域中的机械导纳)。

(2)桩组动态试验

桩群动力试验应与单桩试验相关,以评估用于计算桩群支撑基础块竖向动力特性的模型。考虑到地基的几何形状和桩的布置,地基块的设计应允许安装激振器,以尽量减少摇摆运动。

3)桩身水平受力试验

桩身水平受力试验对于地震响应计算中使用的岩土模型的验证尤为重要。对单个工作桩的测试顺序应考虑影响该桩工作功能的可能性。如果要在设计中引用非线性和应变相关阻尼,则应考虑在测试中需要引起的位移。

(1)单桩动态试验

水平动态测试应确定模态频率和阻尼。在施工期间选择用于测试的桩(可能会在适当的时候成为工作桩)应该代表已完成的结构元件。如果桩在地面以上的自由长度进行测试,则应考虑在施工完成前进行的任何回填。有桩帽时,应考虑其影响。

为了探索低频响应,可能需要提供反应块或反应堆,并且需要检查任何邻近效应。在需要多于几赫兹的大位移时,可能需要能够处理大流量液压流体的伺服液压制动器。

(2)桩组动态试验

桩组水平测试可使用确定模态频率和阻尼进行的垂直测试所采用的标准进行。

测试设备应该能够激发混凝土砌块桩/土壤系统的可测量水平运动。对于大型桩帽和大型基础元件,其极限状态下的位移和应变测试是很难实施的,并且必须从单桩测试推断应变相关行为。测量设备应记录混凝土块的位移和旋转,因为整体运动也可能受到桩的垂直行为的影响。如果混凝土块可以变形,则应设计换能器的分布和它们响应的方向以定义主要失真。

将基础与单桩的测试结果进行比较,以确定发生小位移时的动态群效应。此外,某些动态群效应的数值建模是基于相互作用建立的。"防区外"爆炸源可用于研究这些方面。如果在单桩试验过程中出现超过静力设计极限的过度沉降,则在进行桩组试验时应采取适当的预防措施。

4)桥墩结构试验

支撑结构的振动测试很重要,特别是对于地震区的结构还要考虑桥墩弯曲。振动测试应产生模态频率、阻尼值、刚度和细长桥墩上自然模态的形状。支撑土-基础之间的相互作用会影响模态频率和自然模态的形状。换能器的位置应能定义最重要的自然振型。在选择激励此类结构的固有频率所需的激励系统之前,可能需要进行一些初步的数值分析。

对于细长的桥墩,自然激励(如风)或冲击激励可能是有用的。对于较硬的结构,通常使用由机械振动器产生的强加水平振动。在使用冲击的情况下,脉冲形状可以通过顺应耦合器进行修改,以增强基模的响应。

5)基台结构试验

桥台的动态测试与地震区的重要结构特别相关。需要在基台完成后进行测试,因为基台施工需要回填土层,这对基台的静态和动态行为有重要影响。

施工完成后,动态测试可以补充传统检查,验证动态分析中的假设和程序,并为未来的定期检查提供基准,作为状态监测过程的一部分。

【注】国内规范对桥梁动载试验的技术手段规定非常具体,详细规定了各类桥梁的试验工况、截面、加载过程、结构分析等各环节的具体要求,将所有规定归纳于同一规范中,便于工程人员查找和使用。

欧洲规范对桥梁动载试验的相关规定是按照桥梁各部分分别进行规定的,与国内相比,其对技术手段的规定更宽泛,但对试验过程中可能出现的问题的规定比国内规范更详细。此外,欧洲标准还涉及桥上交通荷载静态分析和动态分析以及特殊桥梁的抗震结构设计,但这部分不属于桥梁施工或运营阶段的检测,而是对设计阶段的相关要求。

4.2.2 检测频率

1)外观检测

《公路桥涵养护规范》(JTG 5120—2021)规定,外观检测的频率包括:

(1)经常检查

①养护检查等级为Ⅰ级的桥梁,经常检查每月不应少于1次。

②养护检查等级为Ⅱ级的桥梁,经常检查每两个月不应少于1次。

③养护检查等级为Ⅲ级的桥梁,经常检查每季度不应少于1次。

④在汛期、台风、冰冻等自然灾害频发期,应提高经常检查频率。

⑤养护检查等级为Ⅱ、Ⅲ级的桥梁,在定期检查中发现存在4类构件时,加固处治前应提高经常检查频率。

⑥对支座的经常检查每季度不应少于1次。

(2)定期检查

定期检查的时间应符合下列规定:

①定期检查周期根据技术状况确定,最长不得超过三年。新建桥梁交付使用一年后,进行第一次全面检查。临时桥梁每年检查不少于一次。

②在经常检查中发现重要构件的缺损明显达到三、四、五类技术状况时,应立即安排一次定期检查。

(3)特殊检查

特殊检查无固定频率要求,在以下情况下应作特殊检查:

①定期检查中难以判明损坏原因及程度的桥梁。

②桥梁技术状况为四、五类者。

③拟通过加固手段提高荷载等级的桥梁。

④条件许可时,特殊重要的桥梁在正常使用期间可周期性进行荷载试验。

桥梁遭受洪水、流冰、滑坡、地震、风灾、漂流物或船舶撞击,因超重车辆通过或其他异常情况影响造成损害时,应进行应急检查。

【引】根据美国标准①的规定,外观检测的频率如下:

常规检查一般不超过 2 年,水下检查一般不超过 5 年,而深入检查一般根据桥梁状况具体制订检测频率和检测范围。

根据美国标准②的规定,外观检测的频率如下:

(1)初始检查

在新桥建设完成或主要桥梁修复完成后,应及时完成初始检查并更新所有 NBI 和元素级别数据。对于州或联邦拥有的桥梁,应在 90 天内完成;对于其他桥梁,应在 180 天内完成。

(2)例行检查

一般而言,确保每隔不超过 24 个月进行例行检查。但是某些情况下,可以延长某些桥梁的检查间隔,不超过 48 个月。确保每隔 24 个月确定进行检查的桥梁要符合 FHWA 批准的具体书面标准。

(3)深度检查

深度检查由桥梁所有者自行决定进行。法规中没有指定最小检查间隔。

(4)断裂关键构件检查

根据 NBIS 执行断裂关键构件检查时间间隔不超过 24 个月。

(5)水下检查

每隔不超过 60 个月进行一次水底检查。然而,某些桥梁的检查间隔可能更长,不超过 72 个月。被确定为水下检查的间隔时间超过 60 个月的桥梁应符合 FHWA 批准的特定书面标准。

(6)特殊检查

特别检查是由业主自行安排和执行的,因此没有最低检查间隔。考虑到需要检查的缺陷的类型和重要性,应确定特定桥梁的检查间隔,然后在这个间隔内检查桥梁。

为了提高效率,特别检查可以与常规或其他类型的检查同时进行。

(7)损伤检查

损坏检查没有检查间隔。如果检查显示缺陷提示持续,随着时间的推移定期监控,

①美国,《公路桥梁技术状况评价与承载能力评定手册》(*Handbook for Technical Condition Evaluation and Bearing Capacity Evaluation Highway Bridges*);

②美国,《公路桥梁标准规格》(*Building Code Requirements for Structural Concrete*(*ACI 318-08*)*and Commentary*)。

93

则可以由于损坏检查而安排特殊检查。

德国标准①对外观检测频率的相关规定如下:

正常情况下,桥梁的检测时限每3个月一小检(季检,目测);每年一大检(年检,目测或使用仪器);每3年一次全面检查(使用仪器),在目测没有问题时照样进行,重点检查路面、桥面、桥身、桥墩等;每6年一次重点检测,也称为承载能力检测,检测时使用各种仪器全面、彻底、详细检查,对稳定性、排水性能、桥面标志、标线和裂缝、螺丝、锚头松动情况、钢桥锈蚀情况、钢筋是否裸露和各种受力以及密封程度是否正常等都进行彻底的检查。特殊情况下,如发生洪水、地震、车辆撞击等事故,此时养护部门应立即使用仪器进行检测。

【注】国内规范对外观检测中的经常检查和定期检查的频率有明确的规定,要求每隔固定的时间间隔进行一次检测;对特殊检查无固定的频率要求,而是对何种情况下应该进行特殊检查进行了说明。

美国规范对外观检测的频率规定体系与国内基本一致,对例行检查、深度检查有明确的频率要求,而对断裂关键构件检查、水下检查、特殊检查和损坏检查是对应进行该种检查的情况进行说明。与国内相比,美国对各类检查的频率要求更为严格。

2)混凝土强度的检测与评定

国内规范尚无对桥梁结构混凝土强度检测与评定的相关规定。

【引】根据法国标准②的规定,在进行混凝土强度的检测与评定时,记录试验过程中承受断裂时的最大力,并计算相应的强度f_t。法国标准③还规定,可通过计算试验表面不同区域中位数值的平均值来确定表面硬度。对于同一来源的试样,应采用同样的方法进行测量,并且在同一期龄时进行测量。

【注】国内外规范暂无有关结构混凝土强度的检测频率方面的内容。

3)钢筋锈蚀电位检测频率

《公路桥梁承载能力检测评定规程》(JTG/T J21—2011)规定,对混凝土桥梁的主要受力部位,应布设测区检测钢筋锈蚀电位,每一测区的测点数不宜少于20个。

【注】国内规范对钢筋锈蚀电位检测的桥梁类型、检测部位和检测数量均有规定,国外规范目前暂无有关钢筋锈蚀电位的检测频率方面的内容。

---

①德国,《德国工业标准》(*Exposition am Arbeitsplatz Messung von Gasen und Dampfen mit umpenbetriebenen probenah-meeinrichtungenAnforderungen und prufverfaren*);

②法国,《混凝土劈裂试验》(*Concretes Splitoing Test*);

③法国,《混凝土—通过回弹法使用硬度计测量量表面硬度》(*Concrete-Measurement of Surface Hardness Using a Hardness Tester by Rebound Method*)。

4) 混凝土中钢筋分布及保护层厚度检测

《公路桥梁承载能力检测评定规程》(JTG/T J21—2011)规定,混凝土钢筋分布和保护层厚度检测部位需包括:主要构件或主要受力部位,钢筋锈蚀电位测试结果表明钢筋可能锈蚀活化的部位,钢筋锈蚀胀裂的部位,布置碳化测区的部位。

【注】国内规范对钢筋分布和保护层厚度的检测部位均有规定,国内外规范暂无有关混凝土中钢筋分布及保护层厚度的检测频率方面的内容。

5) 混凝土碳化深度的检测与评定

《公路桥梁承载能力检测评定规程》(JTG/T J21—2011)规定,对钢筋锈蚀电位的评定标度值为3、4、5的主要构件或主要受力部位,应进行混凝土碳化状况检测,被测构件或部位的测区数量不宜少于3个或混凝土强度测区数量的30%。

【注】国内规范对混凝土碳化深度检测的条件、检测部位和检测数量均有规定,国外规范目前暂无有关混凝土碳化深度的检测频率方面的内容。

6) 混凝土电阻率检测与评定

《公路桥梁承载能力检测评定规程》(JTG/T J21—2011)规定,对钢筋锈蚀电位的评定标度值为3、4、5的主要构件或主要受力部位,应进行混凝土电阻率测量,被测构件或部位的测区数量不宜少于30个。

【注】国内规范对混凝土电阻率检测的条件、检测部位和检测数量均有规定,国外规范目前暂无有关混凝土电阻率的检测频率方面的内容。

7) 钢结构试验检测

《公路桥涵施工技术规范》(JTG/T F50—2020)中要求钢结构焊接完成后必须对所有的焊缝进行外观检测。无损检测频率如表4.3所列。

【注】国内规范主要对钢结构焊缝的外观检测和无损检测提出了明确的频率要求。国外规范也有相应的较为详细的规定,明确了检测数目。

8) 桥梁静载试验

《公路桥梁荷载试验规程》(JTG/T J21-01—2015)规定,静载实验时,加载时间间隔应满足结构反应稳定的时间要求。应在前一级荷载阶段内结构反应相对稳定,进行了有效测试及记录后方可进行下一级荷载试验。当进行主要控制截面最大内力(变形)加载试验时,分级加载的稳定时间不应少于5 min;对尚未投入运营的新桥,首个工况的分级加载稳定时间不宜少于15 min。

【注】国内规范对静、动载试验的频率进行了非强制性规定,国外规范对桥梁静载试验的检测频率均未进行规定。

9)桥梁动载试验

《公路桥梁荷载试验规程》(JTG/T J21-01—2015)规定,环境随机激振法(脉动法)是指在桥面无任何交通荷载以及桥址附近无规则振源的情况下,通过测定桥梁由风荷载、地脉动、水流等随机激励引起的微幅振动来识别结构自振特性参数的方法。环境随机激振法(脉动法)对采集的长样本信号进行能量平均,以便消除随机因素的影响。对悬索桥、斜拉桥等自振频率较低的桥型,为保证频率分辨率和提高信噪比,采集时间一般不小于 30 min。对于小跨径桥梁,采集时间可以酌情减少。

【注】国内规范对静、动载试验的频率进行了非强制性规定;欧洲规范中没有明确规定,仅说明了检测的数量取决于其特征和重要性。

4.2.3 检测成果判定标准

1)外观检测

国内规范桥梁外观检测成果判定标准无明确规定。

【引】根据美国标准①的规定,桥梁外观检测是根据外观状况对桥梁进行分级,分为 0～9 共 10 个级别,详见表 4.9。

表 4.9 美国桥梁检测分级

级别	状态	描述
9	极好	—
8	非常好	—
7	好	无病害
6	满足要求	轻微病害
5	一般	所有基本结构完好,有局部的损伤
4	差	进一步的截面损失、退化、龟裂等
3	严重	基本结构破损,可能导致局部失效
2	危险	基本结构严重破坏
1	即将失效	关键构件存在严重的损伤
0	失效	—

---

①美国,《公路桥梁技术状况评价与承载能力评定手册》(*Handbook for Technical Condition Evaluation and Bearing Capacity Evaluation of Highway Bridges*)。

【注】国内规范对桥梁外观检测的成果判定标准无明确规定,美国规范根据桥梁外观状况将桥梁分为 0 ~ 9 共 10 个级别。

2) 结构混凝土强度的检测与评定

《公路桥梁承载能力检测评定规程》(JTG/T J21—2011)未对混凝土强度检测标准做出具体规定。

【注】国内规范并没有对混凝土强度检测标准做出具体规定。法国规范对混凝土强度的测定标准有两个,即断裂时的最大力与硬度指数的平均值。

3) 钢筋锈蚀电位的检测与判定

《公路桥梁承载能力检测评定规程》(JTG/T J21—2011)规定,应根据钢筋锈蚀电位水平的最低值,确定钢筋锈蚀电位评定标度,具体如下:

电位≥-200 mV,评定标度为 1;

-300 mV≤电位<-200 mV,评定标度为 2;

-400 mV≤电位<-300 mV,评定标度为 3;

-500 mV≤电位<-400 mV,评定标度为 4;

电位<-500 mV,评定标度为 5。

【注】国内规范根据混凝土电位水平的最低值,对评定标度进行了明确的划分,国外规范目前暂无有关钢筋锈蚀电位的检测评定标准方面的内容。

4) 混凝土中氯离子含量的测定与评定

《公路桥梁承载能力检测评定规程》(JTG/TJ21—2011)规定,应根据混凝土中氯离子含量(占水泥含量的百分比)的最高值,确定氯离子含量检测的评定标度,具体如下:

含量<0.15,评定标度为 1;

0.15≤含量<0.4,评定标度为 2;

0.4≤含量<0.70,评定标度为 3;

0.70≤含量<1.00,评定标度为 4;

含量≥1.00,评定标度为 5。

【注】国内规范根据混凝土中氯离子含量的最高值,对评定标度进行了明确的划分。国外规范目前暂无有关结构混凝土中氯离子含量的检测评定标准方面的内容。

5) 混凝土中钢筋分布及保护层厚度的检测

《公路桥梁承载能力检测评定规程》(JTG/T J21—2011)规定,根据检测成果的特征值与设计值的比值确定检测成果评定标度,具体如下:

比值>0.95,评定标度为 1;

0.85<比值≤0.95,评定标度为 2;

0.70<比值≤0.85,评定标度为3;

0.55<比值≤0.70,评定标度为4;

比值≤0.55,评定标度为5。

【注】国内规范根据检测特征值与设计值的比值,对检测评定标度进行了明确划分。国外规范目前暂无有关混凝土中钢筋分布及保护层厚度的检测评定标准方面的内容。

6)混凝土碳化深度的检测与评定

《公路桥梁承载能力检测评定规程》(JTG/T J21—2011)规定,根据碳化深度平均值和实测保护层厚度平均值的比值确定检测成果评定标度,具体如下:

比值<0.5,评定标度为1;

0.5≤比值<1.0,评定标度为2;

1.0≤比值<1.5,评定标度为3;

1.5≤比值<2.0,评定标度为4;

比值≥2.0,评定标度为5。

【注】国内规范根据碳化深度平均值和保护层厚度平均值的比值,对检测评定标度进行明确划分。国外规范目前暂无有关混凝土碳化深度的检测评定标准方面的内容。

7)混凝土电阻率的检测与评定

《公路桥梁承载能力检测评定规程》(JTG/T J21—2011)规定,根据混凝土电阻率最小值确定检测成果评定标度,具体如下:

电阻率≥20 000 Ω·cm,评定标度为1;

15 000 Ω·cm≤电阻率<20 000 Ω·cm,评定标度为2;

10 000 Ω·cm≤电阻率<15 000 Ω·cm,评定标度为3;

5 000 Ω·cm≤电阻率<10 000 Ω·cm,评定标度为4;

电阻率<5 000 Ω·cm,评定标度为5。

【注】国内规范根据混凝土电阻率的最小值对检测评定标度进行明确划分。国内外规范目前暂无有关混凝土电阻率的检测评定标准方面的内容。

8)钢结构试验检测

《公路桥涵施工技术规范》(JTG/T F50—2020)对钢结构焊缝的外观质量检测标准从气孔、咬边、焊脚尺寸、余高、余高铲磨后表面等内容均做了具体的规定。焊缝超声波探伤范围和检验等级如表4.10所示。

表4.10　焊缝超声波探伤范围和检验等级

焊缝质量级别	损伤比例	探伤部位	板厚	检验等级
Ⅰ、Ⅱ级横向对接焊缝	100%	全长	10～45	B
			>46～56	B(双面双侧)
Ⅱ级纵向对接焊缝	100%	焊缝两端各1 000	10～46	B
			>46～56	B(双面双侧)
Ⅲ级角焊缝	100%	两端螺栓孔部位并延长500,板梁主梁及纵,横梁跨中加探1 000	10～46	B
			>46～56	B(双面双侧)

【引】根据国际标准①的规定,钢结构试验缺陷验收标准如表4.11所示。

表4.11　缺陷的验收等级

类型指标	接受水平		
	1	2	3
线性指标 (l为长度指标)	$l \leq 1.5$	$l \leq 3$	$l \leq 6$
非线性指标 (d为主轴尺寸)	$d \leq 2$	$d \leq 3$	$d \leq 4$

【注】国内规范对钢结构焊缝外观和无损检测判定标准均做了规定;国外规范对各种检测手段都做了规定。国外主要通过试验手段抽检,国内主要通过外观结合无损检测手段,检测范围更广。

9)桥梁静载试验

《公路桥梁荷载试验规程》(JTG/T J21-01—2015)对桥梁静载试验数据分析有如下相关规定:

①试验数据分析时,应根据温度变化、支点沉降及仪表标定结果的影响对测试数据进行修正。当影响小于1%时,可不修正。

②温度影响修正可按式(4.3)进行计算。

$$\Delta S_t = \Delta S - \Delta t K_t \tag{4.3}$$

式中:ΔS_t——温度修正后的测点加载测值变化量;

---

①国际标准组织,《焊缝的无损检测—渗透检测—验收水平》(*Non-destructive testing of welds—Penetrant testing—Acceptance levels*)。

ΔS——温度修正前的测点加载测值变化量;

Δt——相应于 ΔS 观测时间段内的温度变化量(℃);对应变宜采用构件表面温度,对挠度宜采用气温;

K_t——空载时温度上升1℃时测点测值变化量;如测值变化与温度变化关系较明显时,可采用多次观测的平均值,$K_t = \dfrac{\Delta S_1}{\Delta t_1}$;

ΔS_1——空载时某一时间区段内测点测值变化量;

Δt_1——相应于 ΔS_1 同一时间区段内温度变化量。

注意:被测构件表面温度与内部温度的差异、贴片位置与非贴片位置的温差、局部贴片与整体贴片间的温差、贴片与补偿片间的温差等,构成了温度影响的复杂性。通常采取缩短加载时间,选择温度变化较稳定的时间进行检验等办法。尽量减小温度对测试精度的影响。必要时,可利用加载试验前进行的温度稳定性观测数据,建立温度变化和测点测值变化的关系曲线进行温度修正。

③当支点有沉降发生时,支点沉降可按式(4.4)计算。

$$C = \frac{l - x}{l} \cdot a + \frac{x}{l} \cdot b \tag{4.4}$$

式中:C——测点的支点沉降修正量;

l——A 支点到 B 支点的距离;

x——挠度测点到 A 支点的距离;

a——A 支点沉降量;

b——B 支点沉降量。

④测点位移或应变可按式(4.5)—式(4.7)计算。

$$S_t = S_1 - S_i \tag{4.5}$$

$$S_e = S_1 - S_u \tag{4.6}$$

$$S_p = S_t - S_e = S_u - S_i \tag{4.7}$$

式中:S_t——试验荷载作用下测量的结构总位移(或总应变)值;

S_e——试验荷载作用下测量的结构弹性位移(或应变)值;

S_p——试验荷载作用下测量的结构残余位移(或应变)值;

S_i——加载前的测值;

S_u——加载达到稳定时的测值。

⑤测点的相对残余位移(或应变)可按式(4.8)计算。

$$\Delta S_p = \frac{S_p}{S_t} \times 100\% \tag{4.8}$$

式中:ΔS_p——相对残余位移(或应变);

S_p、S_t——意义同前。

⑥测点校验系数应符合下列规定:

a. 测点校验系统应按式(4.9)计算。

$$\eta = \frac{S_e}{S_s} \tag{4.9}$$

式中:η——校验系数;

S_e、S_s——意义同前。

b. 当结构处于线弹性工作状态时,应根据量测到的测点应变,利用虎克定律计算测点的应力。

c. 应采用实测位移(或应变)最大值 S_{emax} 与横向各测点实测位移(或应变)平均值 $\overline{S_e}$,按式(4.10)计算实测横向增大系数。

$$\xi = \frac{S_{emax}}{\overline{S_e}} \tag{4.10}$$

式中:ξ——横向增大系数。

注意:根据《大跨径混凝土桥梁的试验方法》专题研究成果(1982 年),在进行 S_e 与 S_s 比较时,S_e 采用实测最大值,S_s 采用空间理论分析的相应最大值,对于平面计算,通常采用考虑横向增大系数 ξ 的计算值。对于整体式截面,也可采用实测的横截面平均值与计算值比较。横向增大系数采用实测值,无实测值时采用理论计算值。

结构试验效率满足以下条件时,结构受力状况良好。

a. 量测的弹性变形或应变值 S_e 与试验荷载作用下理论计算值 S_s 的比值符合式(4.11):

$$\beta < \frac{S_e}{S_s} \leq \alpha \tag{4.11}$$

式中:α、β——参见表4.12。

表4.12　α_l、α、β 取值

承重结构	β	α					α_l
		$\eta_q \leq 1.0$	$\eta_q = 1.1$	$\eta_q = 1.2$	$\eta_q = 1.3$	$\eta_q \geq 1.4$	
预应力混凝土与组合结构	0.7	1.05	1.07	1.10	1.12	1.15	0.20
钢筋混凝土与圬工结构	0.6	1.10	1.12	1.15	1.17	1.20	0.25

b. 量测的残余变形值 S_p 与量测的总变形值 S_t 的比值 ΔS_p:

第一次实验要求:

$$\Delta S'_p \leq \alpha_l \tag{4.12}$$

若试验结果不满足,且为

$$\alpha_l < \Delta S'_p \leq 2\alpha_l \tag{4.13}$$

通常进行第二次重复实验。

第二次试验要求：

$$\Delta S''_p \leqslant 0.5\alpha_l \tag{4.14}$$

若试验结果仍不满足，即 $\Delta S''_p > 0.5\alpha_l$，进行第三次重复试验。

第三次试验要求：

$$\Delta S'''_p \leqslant \frac{1}{6}\alpha_l \tag{4.15}$$

如果第三次试验结果满足上述要求，为了确定结构的可靠性，通常还进行动载试验。如果试验中采用逐级递增的循环加载方式，表4.12所列 α_l 值乘以1.33取用。

主要测点在控制荷载工况下的横向增大系数 ξ 反映了桥梁结构荷载不均匀分布程度。ξ 值越小，说明荷载横向分布越均匀，横向联系构造越可靠；ξ 总值越大，说明荷载横向分布越不均匀，横向联系构造越薄弱。

⑦试验曲线的绘制应包括下列主要内容：

a.列出各加载工况下主要测点实测位移(或应变)与相应的理论计算值的对照表，并绘制出其关系曲线。

b.绘制各加载控制工况下主要控制点的位移(或应变等)与荷载或荷载效率的关系曲线。

c.绘制各加载工况下控制截面位移(或应变)分布图、沿纵(横)桥向挠度图、截面应变沿高度(宽度)分布图等。

注意：试验曲线能直观地反映试验结果。一般通过试验曲线来表示实测应变和理论计算值的比较情况、主要控制点的变形(应变)与荷载的历程曲线、挠度及应变分布情况。通过这些曲线能够对试验结果进行评价，判断异常点、结构工作状态、应变(变形)分布是否符合一般规律等。

⑧试验结果分析应包括下列主要内容：

a.校验系数 η 应包括应变(或应力)校验系数及挠度校验系数，其值应按式(4.9)计算。常见桥梁结构试验的应变(或应力)、挠度校验系数应符合表4.13所列的常值范围。

表4.13　常见桥梁结构校验系数常值表

桥梁类型	应变(或应力)校验系数	挠度校验系数
钢筋混凝土板桥	0.20～0.40	0.20～0.50
钢筋混凝土梁桥	0.40～0.80	0.50～0.90
预应力混凝土桥	0.60～0.90	0.70～1.00
圬工拱桥	0.70～1.00	0.80～1.00
钢筋混凝土拱桥	0.50～0.90	0.50～1.00
钢桥	0.75～1.00	0.75～1.00

b. 处于线弹性工作状况的结构点实测位移(或应变)与其理论值应呈线性关系。

c. 对常规结构实测的结构或构件主要控制截面应变沿高度分布应符合平截面假定。

d. 主要控制测点的相对残余变形 ΔS_p(或应变)越小,说明结构越接近弹性工作状况。ΔS_p 不宜大于20%。当 ΔS_p 大于20%时,表明桥梁结构的弹性状态不佳,应分析原因,必要时再次进行荷载试验加以确定。

e. 试验荷载作用下新桥裂缝宽度不应超过《公路钢筋混凝土及预应力混凝土桥涵设计规范》规定的容许值,卸载后其扩展宽度应闭合到容许值的 1/3;在用桥梁的裂缝宽度不宜超过《公路桥梁承载能力检测评定规程》的规定。

f. 新桥裂缝宽度不满足上述规定时,应结合校验系数的计算结果,分析原因,采取措施。

注意:除钢筋混凝土拱桥和钢桥外,表4.13中其余桥型的校验系数均来自《公路旧桥承载能力鉴定方法(试行)》。根据对国内65座钢筋混凝土拱桥的静载试验校验系数的统计分析,《公路桥梁荷载试验规程》(JTG/T J21-01—2015)给出了建议。对于钢结构桥梁,试验及研究表明,由于其结构变异性较小,理论计算值与试验值往往吻合较好,校验系数的区间较小。根据近几年桥梁荷载试验校验系数的应用经验,表4.12可以用于在用桥梁和新建桥梁。

同类桥型校验系数越小,结构的安全储备越大。校验系数过大或过小应从多方面分析原因。过大可能是因为组成结构的材料强度或弹性模量较低,结构各部分连接性能较差,刚度较低等。过小可能是因为材料的强度或弹性模量较高,桥面铺装及人行道等与主梁(肋)共同受力。拱上建筑与拱圈共同作用,计算理论或简化图式的影响等。试验时加载物的称量误差,仪表的观测误差等也对校验系数有一定影响。一般来说,新建桥梁的校验系数较小,旧桥的校验系数较大。校验系数超出常值范围时,通常结合动载试验成果进行综合分析判断。

对于常规结构,实测的结构或构件主要控制截面应变沿梁高分布符合平截面假定。实测的控制点变形或应变与荷载的关系曲线接近于直线,说明桥梁结构或构件处于弹性工作状况。

【注】国内规范对桥梁静载试验的成果判定标准的规定非常具体,对各类试验数据分析的公式、条件等进行了详细规定及说明。国外规范未对桥梁静载试验的成果判定标准进行规定。

10) 桥梁动载试验

《公路桥梁荷载试验规程》(JTG/T J21-01—2015)对桥梁动载试验数据分析有如下规定:

①应对测试信号进行检查和评判,并进行剔除异常数据、去趋势项、数字滤波等必要的预处理。

②结构自振频率可采用频谱分析法、波形分析法或模态分析法得到。自振频率宜取

用多次试验、不同分析方法的结果相互验证。单次试验的实测值与均值的偏差不应超过 ±3%。

注意:

a. 波形分析法适用于单一频率自振信号。取若干周期自振波形,通过时间坐标计算自振频率均值。当测试信号包括多阶自振信号叠加时,通常利用带通滤波进行信号分离,得到单一频率的自振信号,再进行频率计算,如图 4.2 所示。

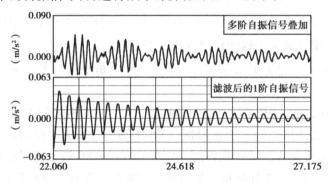

图 4.2 某连续梁桥多阶自振信号的分离

b. 频谱分析法通常用于确定自振信号的各阶频率。用于分析的数据块中不包括强迫振动成分。

c. 采用跳车激振法时,对跨径小于 20 m 的桥梁,通常按式(4.16)对实测结构自振频率进行修正。

$$f_0 = f\sqrt{\frac{M_0 + M}{M_0}} \qquad (4.16)$$

式中:f_0——结构的自振频率;

f——有附加质量影响的实测自振频率;

M_0——桥梁结构在激振处的换算质量;

M——附加质量。

d. 采用行车激振法激励时,通常要确定车辆驶离桥梁的准确时刻,以免将强迫振动当作自由振动进行处理,导致自振频率误判。一般根据同时采集的动挠度、动应变实测信号中静态分量的起始位置判定余振起点(图 4.3),再利用分析仪中的数据截断功能将强迫振动响应舍弃。截断后的数据块长度通常要满足频率分辨率的要求。

③桥梁结构阻尼可采用波形分析法、半功率带宽法或模态分析法得到。结构阻尼参数宜取用多次试验所得结果的均值,单次试验的实测结果与均值的偏差不应超过 ±20%。

注意:

a. 波形分析法。多阶自振信号叠加的波形通常首先分离为单一频率的自振信号(图 4.3),再按式(4.17)计算阻尼参数。

$$D = \frac{1}{2\pi n}\ln\frac{A_i - A'_i}{A_{i+n} - A'_{i+n}} \qquad (4.17)$$

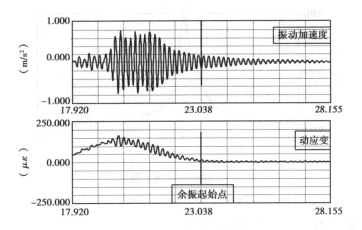

图 4.3　跑车激励余振起始点确定

式中: D——阻尼比;

　　n——参与计算的波的个数,不小于 3;

　　A_i——参与计算的首波波峰值;

　　A'_i——参与计算的首波波谷值;

　　A_{i+n}——参与计算的尾波波峰值;

　　A'_{i+n}——参与计算的尾波波谷值。

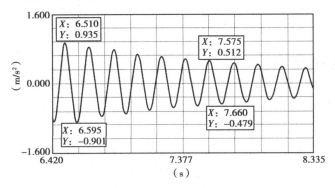

图 4.4　波形法阻尼计算图例

　　b. 半功率带宽法。该方法是在自振频谱图上对每一阶自振频率采用半功率点带宽求取阻尼参数的方法。采用此方法时频率分辨率 Δf 一般不大于 1% 的自振频率值,以保证插值计算的精度,计算方法见图 4.4 和式(4.18)。

　　阻尼比为

$$D = \frac{n}{\omega_0} = \frac{\omega_2 - \omega_1}{2\omega_0} = \frac{f_2 - f_1}{2f_0} \tag{4.18}$$

式中: f_0——自振频率;

　　f_1、f_2——半功率点频率,即 0.707 倍功率谱峰值所对应的频率。

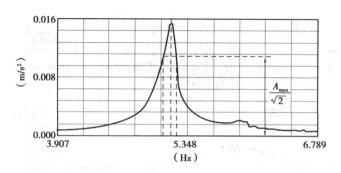

图 4.5　半功率点法阻尼识别

④振型参数宜采用环境激振等方法进行模态参数识别。宜采用专用软件进行分析,可同时得到振型、固有频率及阻尼比等参数。

注意:振型参数识别可采用的计算方法较多,也较复杂,研究表明:当采用环境激振法进行模态参数识别时,随机子空间法精度和效果较好,所以优先采用。

⑤计算冲击系数时应优先采用桥面无障碍行车下的动挠度时程曲线计算,对小跨径桥梁的高速行车试验,当判断直接求取法误差较大时,应根据实际情况采用数字低通滤波法求取最大静挠度或应变。对特大跨径桥梁,受现场条件限制无法测定动挠度时,可采用动应变时程曲线计算冲击系数,计算方法参照图 4.5 和式(4.19)。

$$\mu = \frac{f_{\mathrm{dmax}}}{f_{\mathrm{jmax}}} - 1 = \frac{f_{\mathrm{dmax}}}{\dfrac{f_{\mathrm{dmax}} + f_{\mathrm{dmin}}}{2}} - 1 = \frac{f_{\mathrm{dmax}}}{f_{\mathrm{dmax}} - \dfrac{f_{\mathrm{p-p}}}{2}} - 1 \qquad (4.19)$$

式中:f_{dmax}——最大动挠度幅值:

f_{jmax}——取波形振幅中心轨迹的顶点值,或通过低通滤波求取;

f_{dmin}——与 f_{dmax} 对应的动挠度波谷值;

$f_{\mathrm{p-p}}$——挠度动态分量的峰值。

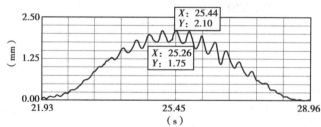

图 4.6　冲击系数计算图例

注意:

a. 对特大跨径桥梁,目前尚缺乏实用可靠的、分辨率能较好满足要求的动挠度测试设备。因此在现场条件受限无法测定动挠度时,通常采用动应变来计算冲击系数。尽管动应变是局部指标,但相关统计资料表明,在绝大多数情况下,应变增大系数与冲击系数存在较好的一致性,试验时通常采用多点测试的平均值,以保证结果的可靠性。

b. 在动挠度或动应变时程曲线中直接求取最大静挠度,其计算结果受人为因素影响较大,这种影响在小跨径桥梁高速行车试验中尤为明显,采用数字低通滤波法求取最大静挠度或应变更为可靠。一般来讲,准静态分量的频率远低于动态分量的频率,因此可通过频谱分析选择合适的低通滤波器滤掉信号的动态分量,从而得到准静态分量。相关统计资料表明,该方法具有较高的可靠性。在实际应用时注意合理选用滤波器类型和截止频率等参数,并进行必要的对比验证,以保留完整的准静态分量。通常,采用低通滤波法求取的冲击系数略小于直接求取法。

c. 对石拱桥和部分混凝土桥梁,实测动力响应往往较小,如动应变幅值经常会处于 $(5 \sim 20) \times 10^{-6}$ 之间,仪器的噪声影响不可忽视。分析表明,噪声大于信号最大幅值3%的样本通常不能用于冲击系数的计算。

采用直接法计算冲击系数时,考虑时程曲线上最大峰值处动效应与相应的静效应之比或者用最大峰值与相应的等效"静"效应之比,原理清晰,但通过滤波求荷载的静效应值的计算较为复杂,且仅考虑了车辆行驶至某一位置时对关键截面的冲击作用。无法考虑车辆行驶至不同位置处对该截面的综合冲击效应。若对所有局部"波谷"动响应值与相应"静"载作用下该点响应值之比计算得到的冲击系数进行加权处理,可得到如下冲击系数计算式:

$$
\begin{cases}
1 + \mu_i = \dfrac{Y_{\text{max}i}}{Y_{\text{mean}i}} \\[2mm]
Y_{\text{mean}i} = \dfrac{1}{2}(Y_{\text{max}i} + Y_{\text{min}i}) \\[2mm]
\alpha_i = \dfrac{Y_{\text{max}i}}{\displaystyle\sum_{i=1}^{n} Y_{\text{max}i}} \\[2mm]
\mu = \displaystyle\sum_{i=1}^{n} \mu_i \alpha_i
\end{cases}
\tag{4.20}
$$

式中:$Y_{\text{max}i}$——车辆荷载过桥时动挠度或动应变时程曲线上的一个"波谷"值;

$Y_{\text{min}i}$——与 $Y_{\text{max}i}$ 相应的"波峰"动响应值;

$Y_{\text{mean}i}$——相应"静"载作用下该点的响应值;

μ_i——"波谷"处所对应的局部冲击系数;

α_i——权重。

⑥冲击系数宜取同截面(或部位)多个测点的均值,进行多次试验时可取该车速下的最大值。

⑦桥梁结构性能分析应通过下列方法进行:

a. 比较实测自振频率与计算频率,实测大于计算频率时,可认为结构实际刚度大于理论刚度,反之则实际刚度偏小。

b. 比较自振频率、振型及阻尼比的实测值与计算数据或历史数据,可根据其变化规律初步判断桥梁技术状况是否发生变化。

c. 比较实测冲击系数与设计所用的冲击系数,实测值大于设计值时应分析原因。

注意:

a. 自振频率与结构刚度有着明确的关系。自振频率容易精确测量,利用自振频率评价桥梁的刚度也具有较高的可靠性。结构部件出现缺损时,一般自振频率会降低,振型出现变异。

b. 桥梁结构存在或出现缺损时,一般会造成振型的变异。一般来讲,变异区段即为缺损所在区段。阻尼比参数,可以通过和同一座桥的历史数据对比,或同类桥梁历史经验数据对比,粗略判断桥梁结构的技术状况是否出现劣化,如阻尼比明显偏大,则桥梁结构技术状况可能存在缺损或出现劣化。

【引】根据国际标准①的规定,桥梁动载试验检测标准为:在获得实验结果后,应对所调查工作的行为进行评估,此类评估应参考具体的研究目标,并应由管理工作的主管部门或专家进行。

【注】国内规范对桥梁动载试验的成果判定标准的规定非常具体,对各类试验数据分析的公式、条件等进行了详细规定及说明。欧洲规范未对桥梁动载试验的结果分析给出具体的公式或标准,而是要求由管理工作的主管部门或通过专家进行。与国内相比,国外对该项内容的评判标准更多地依赖于专家的经验而非制定统一的标准。

4.2.4　技术状况评定方法

《公路桥梁技术状况评定标准》(JTG/T H21—2011)对桥梁技术状况评定标准有如下规定:

①桥梁构件的技术状况评分,按式(4.21)计算。

$$\text{PMCI}_l(\text{BMCI}_l \text{ 或 DMCI}_l) = 100 - \sum_{x=1}^{k} U_x \tag{4.21}$$

当 $x = 1$ 时

$$U_1 = \text{DP}_{i1}$$

当 $x \geq 2$ 时

$$U_x = \frac{\text{DP}_{ij}}{100 \times \sqrt{x}} \times \left(100 - \sum_{y=1}^{x-1} U_y\right)$$

当 $\text{DP}_{ij} = 100$ 时

$$\text{PMCI}_l(\text{BMCI}_l \text{ 或 DMCI}_l) = 0$$

式中:PMCI_l——上部结构第 i 类部件 l 构件的得分,值域为 $0 \sim 100$ 分;

BMCI_l——下部结构第 i 类部件 l 构件的得分,值域为 $0 \sim 100$ 分;

DMCI_l——桥面系第 i 类部件 l 构件的得分,值域为 $0 \sim 100$ 分;

---

①国际标准组织,《机械振动—评估桥梁动力试验和调查的测量结果》(*Petroleum and natural gas industries—Drilling and well-servicing equipment*)。

k——第 i 类部件 l 构件出现扣分的指标的种类数;

U、x、y——引入的变量;

i——部件类别;

j——第 i 类部件 l 构件的第 j 类检测指标;

DP_{ij}——第 i 类部件 l 构件的第 j 类检测指标的扣分值;根据构件各种检测指标扣分值进行机选,扣分值按表4.14规定取值。

表4.14 构件各检测指标的扣分取值

检测指标所能达到的最高等级	指标类别				
	1 类	2 类	3 类	4 类	5 类
3 类	0	20	35	—	—
4 类	0	25	40	50	—
5 类	0	35	45	60	100

②桥梁部件的技术状况评分,按式(4.22)计算。

$$PCCI_i = \overline{PMCI} - (100 - PMCI_{min})/t \tag{4.22}$$

或

$$BCCI_i = \overline{BMCI} - (100 - BMCI_{min})/t$$

或

$$DCCI_i = \overline{DMCI} - (100 - DMCI_{min})/t$$

式中:$PCCI_i$——上部结构第 i 类部件的得分,值域为 0~100 分;当上部结构中的主要部件某一构件评分值 $PMCI_i$ 在 $[0,60)$ 区间时,其相应的部件评分值 $PCCI_i = PMCI_i$;

$\overline{PMCI}$——上部结构第 i 类部件的得分平均值,值域为 0~100 分;

$BCCI_i$——下部结构第 i 类部件的得分,值域为 0~100 分;当上部结构中的主要部件某一构件评分值 $BMCI_i$ 在 $[0,60)$ 区间时,其相应的部件评分值 $BCCI_i = BMCI_i$;

$\overline{BMCI}$——下部结构第 i 类部件的得分的平均值,值域为 0~100 分;

$DCCI_i$——桥面系第 i 类部件的得分,值域为 0~100 分;

$\overline{DMCI}$——桥面系第 i 类部件的得分的平均值,值域为 0~100 分;

$PCCI_{min}$——上部结构第 i 类部件中分值最低的构件得分值;

$BCCI_{min}$——下部结构第 i 类部件中分值最低的构件得分值;

$DCCI_{min}$——桥面系第 i 类部件中分值最低的构件得分值;

t——随构件的数量而变的系数,见表4.14。

表4.15 *t*值

n(构件数)	*t*	*n*(构件数)	*t*
1	∞	20	6.6
2	10	21	6.48
3	9.7	22	6.36
4	9.5	23	6.24
5	9.2	24	6.12
6	8.9	25	6.00
7	8.7	26	5.88
8	8.5	27	5.76
9	8.3	28	5.64
10	8.1	29	5.52
11	7.9	30	5.4
12	7.7	40	4.9
13	7.5	50	4.4
14	7.3	60	4.0
15	7.2	70	3.6
16	7.08	80	3.2
17	6.96	90	2.8
18	6.84	100	2.5
19	6.72	≥200	2.3

③桥梁上部结构、下部结构、桥面系的技术状况评分,按式(4.23)计算。

$$\mathrm{SPCI}(\mathrm{SBCI}\ \text{或}\ \mathrm{BDCI}) = \sum_{i=1}^{m} \mathrm{PCCI}_i(\mathrm{BCCI}_i\ \text{或}\ \mathrm{DCCI}_i) \times W_i \tag{4.23}$$

式中:SPCI——桥梁上部结构技术状况评分,值域为0~100分;

SBCI——桥梁下部结构技术状况评分,值域为0~100分;

BDCI——桥面系技术状况评分,值域为0~100分;

m——上部结构(下部结构或桥面系)的部件种类数;

W_i——第i类部件的权重,对于桥梁未设置的部件,应根据此部件的隶属关系,将其权重分配给各既有部件,分配原则按照各既有部件权重在全部既有部件权重中所占比例进行分配。

④桥梁总体的技术状况评分,按式(4.24)计算。

$$D_r = BDCI \times W_D + SPCI \times W_{SP} + SBCI \times W_{SB} \qquad (4.24)$$

式中:D_r——桥梁总体技术状况评分,值域为 0~100 分;

　　　W_D——桥面系在全桥中的权重;

　　　W_{SP}——上部结构在全桥中的权重;

　　　W_{SB}——下部结构在全桥中的权重。

⑤桥梁技术状况分类界限宜按表4.16规定执行。

表 4.16　桥梁技术状况分类界限表

技术状况评分	技术状况等级 D_j				
	1 类	2 类	3 类	4 类	5 类
D_r(SPCI、SBCI、BDCI)	[95,100]	[80,95)	[60,80)	[40,60)	[0,40)

⑥当上部结构和下部结构技术状况等级为 3 类、桥面系技术状况等级为 4 类,且桥梁总体技术状况评分为 $40 \leq D_r < 60$ 时,桥梁总体技术状况等级应评定为 3 类。

⑦全桥总体技术状况等级评定时,当主要部件评分达到 4 类或 5 类且影响桥梁安全时,可按照桥梁主要部件最差的缺损状况评定。

【引】根据英国标准[①]的规定,桥梁技术状况评定有如下规定:

首先应确定荷载标准值 Q_a^*、特征值 Q_k 和每个荷载因子系数 γ_{fl}。表 4.17 给出了极限状态下各种荷载分项系数。

表 4.17　极限状态作用的部分因素

荷载种类	γ_{fl}
铸铁静载荷	1.10
钢静载荷	1.05
混凝土、石材、砖石、木材等材料恒载	1.15
堆焊叠加恒载	1.75
其他叠加恒载	1.20
正常交通和受限交通的垂直交通负载	1.5
人行道和自行车道装载	1.5

---

①英国,《高速公路桥梁和结构评估》(*Assessment of Highway Bridges and Structures*)。

荷载效应的标准值 S_a^* 计算如下:

$$S_a^* = \gamma_\beta(effects\ of(Q_a^*))$$

其中,γ_β 是对结构中不可预见的应力分布、计算模型中固有的不准确性以及与测量值的尺寸精度的变化等作用的影响的不准确评估的因素。对于正常使用极限状态,γ_β = 1.0;对于承载力极限状态,γ_β = 1.1。

结构构件抗力的设计值 R_a^*,应根据材料强度和截面性能,使用式(4.2.4.7)来确定:

$$R_a^* = Fc(function\ of(f_k, \gamma_m)) \tag{4.2.4.7}$$

其中:Fc 是一个条件因素,小于或等于 1.0;f_k 是材料的特性强度、标称强度或最差可靠强度;γ_m 是与材料强度有关的系数。

当满足式(4.2.4.8)时,结构能够抵抗荷载作用。

$$R_a^* \geq S_a^* \tag{4.2.4.8}$$

也可以使用式(4.2.4.9)来验证式(4.2.4.8)。

$$Fc(function\ of(f_k, \gamma_m)) \geq (effects\ of(Q_a^*)) \tag{4.2.4.9}$$

【注】国内规范对桥梁技术状况的评定与隧道工程类似,先对桥梁构件进行技术状况评分后,再根据各部分不同的权重计算桥梁总技术状况评分,将技术状况分为 5 类。

4.2.5　承载能力评定标准

《公路桥梁承载能力检测评定规程》(JTG/T J21—2011)对桥梁承载能力评定标准有如下相关规定:

(1)检测基本内容

①在用桥梁承载能力检测评定应包含以下工作内容,必要时还应进行荷载试验评定:

a. 桥梁缺损状况检查评定;

b. 桥梁材质状况与状态参数检测评定;

c. 桥梁承载能力检算评定。

②对于多跨或多孔桥梁,应根据桥梁技术状况检查评定情况,选择具有代表性的或最不利的桥跨进行承载能力检测评定。

注意:对于多跨或多孔桥梁,在选择承载能力检测评定对象时,在结构形式上应体现具有代表性原则,在结构技术状况和结构受力上应体现最不利原则。

③按《公路桥梁承载能力检测评定规程》进行检测评定时,有关作用(或荷载)及其组合在无特殊要求时宜采用设计荷载标准。

注意:经过加固的桥梁,在承载能力检测评定时,有关作用(或荷载)及其组合宜选用加固时所采用的标准。

④桥梁承载能力检算评定所需技术参数,宜依据竣工资料或设计文件按相关标准规范取用。对缺失技术资料的桥梁,可根据桥梁检测资料,结合参考同年代类似桥梁设计

文件或标准定型图取用。

（2）检测评定程序

①检测评定前应通过实地调查和桥梁检查，掌握桥梁技术状况、病害成因、使用荷载和养护维修等情况，搜集相关技术资料，确定检算技术参数。

注意：检测评定前要搜集有关桥梁勘察设计、施工监理和运营养护试验检测以及维修加固等方面的技术资料。调查了解桥梁病害史、使用中的特殊事件、限重限速原因、交通状况、今后改扩建计划、水文、气候、环境等方面情况，有针对性地确定检测内容和工作重点。调查的资料主要包括：

a. 勘察设计资料，主要包括：桥位地质钻探资料及水文勘测资料、设计计算书及有关图纸、变更设计计算书及有关图纸等。

b. 施工监理监控与竣工技术资料，主要包括：材料试验资料施工记录、监理资料、施工监控资料、地基与基础试验资料 竣工图纸及其说明交工验收资料、交工验收荷载试验报告、竣工验收有关资料等。

c. 养护试验检测及维修与加固资料，主要包括：桥梁检查与检测、荷载试验资料，历次桥梁维修、加固资料，历次特别事件记载资料等。

d. 调查收集桥梁运营荷载的资料，包括交通量、交通组成、车重、轴重等情况。

②对选定的桥跨进行桥梁缺损状况检查评估、材质状况与状态参数检测评定和实际运营荷载状况调查，确定分项检算系数。

注意：根据检查检测情况确定各评价指标的评定标度，通过对桥梁综合技术状况、耐久性恶化状况、结构的截面缺损状况和运营荷载状况的评价确定结构检算系数、耐久性恶化系数、截面折减系数和活载影响修正系数。

③按照相关标准和《公路桥梁承载能力检测评定规程》的有关规定，计算桥梁结构或构件抗力效应和作用效应，采用引入分项检算系数修正承载能力极限状态和正常使用极限状态计算表达式的方法进行检算评定。

（3）各类型桥梁修正计算规定

①圬工结构桥梁在计算桥梁结构承载能力极限状态的抗力效应时，应根据桥梁试验检测结果，采用引入检算系数 Z_1 或 Z_2、截面折减系数 ξ_c 的方法进行修正计算。

②配筋混凝土桥梁在计算桥梁结构承载能力极限状态的抗力效应时，应根据桥梁试验检测结果，采用引入检算系数 Z_1 或 Z_2、承载能力恶化系数 ξ_e、截面折减系数 ξ_s 和 ξ_c 的方法进行修正计算。

③钢结构桥梁在计算桥梁结构承载能力极限状态的抗力效应时，应根据桥梁试验检测结果，采用引入检算系数 Z_1 或 Z_2 的方法进行修正计算。

注意：《公路桥梁承载能力检测评定规程》以基于概率理论的极限状态设计方法为基础，采用引入分项检算系数修正极限状态设计表达式的方法，对在用桥梁承载能力进行检测评定。分项检算系数主要包括：反映桥梁总体技术状况的检算系数 Z_1 或 Z_2；考虑结构有效截面折减的截面折减系数 ξ_s 和 ξ_c；考虑结构耐久性影响因素的承载能力恶化系数 ξ_e；反映实际通行汽车荷载变异的活载影响系数 ξ_q。主要依据圬工结构桥梁配筋混凝土桥梁和钢结构桥梁的材料组成特点，引入不同的分项检算系数修正极限状态设计表达式。

④荷载效应 S 应按《公路桥梁承载能力检测评定规程》第6章有关规定计算。对交通繁忙和重载车辆较多的桥梁，汽车荷载效应可根据实际运营荷载状况，通过活载影响修正系数 ξ_q 进行修正计算。

⑤当桥梁结构或构件的承载能力检算系数评定标度 $D \geq 3$ 时，应进行正常使用极限状态评定计算。

注意：对在用桥梁，当结构或构件的承载能力检算系数评定标度为1或2时，结构或构件的总体技术状况较好，可不进行正常使用极限状态评定计算；当结构或构件的承载能力检算系数评定标度为3、4或5时，应采用引入检算系数 Z_1 或 Z_2 的方式对限制应力结构变形和裂缝宽度等，进行正常使用极限状态评定计算。

【引】根据美国标准[①]的规定，承载能力评定要求包括：

桥梁是以承担特定的荷载为基础设计的，这个特定的荷载称为设计荷载。桥梁还有一个预期失效荷载(极限强度荷载)。两种荷载的比值即为评估桥梁的安全系数。

桥梁的"承载能力"是指桥梁在其现有条件或状态下所能安全承载的各种荷载的总和。桥梁上的各种荷载包括静荷载、动荷载、冲击荷载、风荷载、纵向力、热应力、土压力、流体力、地震荷载、路面或桥面接缝压力等。

【注】国内规范对桥梁承载能力评定的条件以及评定方法、公式等进行了明确规定，且对不同类型的桥梁分别进行规定。美国规范对桥梁荷载等级的计算公式进行了明确规定，并明确列出了桥梁承载能力的计算方法。

[①]美国，《公路和桥梁维护手册》(*AASHTO Maintenance Manual for Roadways and Bridges*)。

5

引用规范汇总

5.1 国内规范

[1]《公路隧道养护技术规范》(JTG H12—2015);

[2]《公路桥涵养护规范》(JTG 5120—2021);

[3]《公路桥涵施工技术规范》(JTG/T 3650—2020);

[4]《公路桥梁荷载试验规程》(JTG/T J21-01—2015);

[5]《公路桥梁技术状况评定标准》(JTG/T H21—2011);

[6]《公路桥梁承载能力检测评定规程》(JTG/T J21-01—2015)。

5.2 国外规范

[1]美国,《公路和轨道交通隧道检查手册》
(*Highway and Rail Transit Tunnel Inspection Manual*);

[2]美国,《隧道操作、维护、检查和评估(TOMIE)手册》
(*Tunnel Operations,Maintenance,Inspection,and Evaluation(TOMIE)Manual*);

[3]法国,《公路隧道土木工程检验指南》
(*Guide d'inspection en génie civil des tunnels routiers*);

[4]法国,《用于工程结构的监督和维护——文件40:隧道土木工程及设备》
(*Pour la supervision et l'entretien des ouvrages—document 40:travaux de génie civil et équipement des tunnels*);

[5]英国,《公路构筑物检验》
(*Inspection of Highway Structures*);

[6]英国,《公路隧道检验与记录》
(*Inspection and Records for Road Tunnels*);

[7]英国,《道路和桥梁设计手册》
(*Design Manual for Roads and Bridges*);

［8］英国，《公路隧道的维护》

（*Maintenance of Road Tunnels*）；

［9］美国，《桥梁评估手册》

（*The Manual for Bridge Evaluation*）；

［10］美国，《路面和桥梁维护手册》

（*AASHTO Maintenance Manual for Roadways and Bridges*）；

［11］英国，《高速公路桥梁和结构评估》

（*Assessment of Highway Bridges and Structures*）；

［12］英国，《高速公路结构检测》

（*Inspection of Highway Structures*）；

［13］法国，《混凝土——通过回弹法使用硬度计测量表面硬度》

（*Concrete—Measurement of Surface Hardness Using a Hardness Tester by Rebound Method*）；

［14］法国，《混凝土劈裂试验》

（*Concretes Splitoing Test*）；

［15］法国，《执行土木工程具体的方法》

（*Execution Des Ouvrages De Genie Civil Eenn Beton*）；

［16］国际标准化组织，《钢管的无损检测——第 10 部分：无缝钢管和焊接钢管（埋弧焊除外）纵向和/或横向缺陷自动全周边超声检测》

（*Non-destructive testing of steel tubes—Part 10：Automated full peripheral ultrasonic testing of seamless and welded（except submerged arc-welded）steel tubes for the detection of longitudinal and/or transverse imperfections*）；

［17］国际标准化组织，《焊缝无损检验——射线检测——第 1 部分：胶片的 X 射线和伽马射线技术》

（*Non-destructive testing of welds—Radiographic testing—Part 1：X-and gamma-ray techniques with film*）；

［18］国际标准化组织，《焊缝无损检测——磁粉检测》

（*Non-destructive testing of welds—Magnetic particle testing*）；

［19］国际标准化组织，《焊缝的无损检测——超声波检测技术、检测等级和评估》

（*Non-destructive testing of welds—Ultrasonic testing—Techniques，testing levels，and assessment*）；

［20］美国，《公路桥梁标准规格》

（*Building Code Requirements for Structural Concrete（ACI 318-08）and Commentary*）；

［21］国际标准化组织，《机械振动—评估桥梁动力试验和调查的测量结果》

（*Petroleum and natural gas industries—Drilling and well-servicing equipment*）；

［22］美国，《公路桥梁技术状况评价与承载能力评定手册》

（Handbook for Technical Condition Evaluation and Bearing Capacity Evaluation of Highway Bridges）；

［23］德国，《德国工业标准》

（Exposition am Arbeitsplatz Messung von Gasen und Dampfen mit umpenbetriebenen probenahmeeinrichtungen Anforderungen und prufverfaren）；

［24］欧洲，《抗震结构设计》

（Design of Structures for Earthquake Resistance）；

［25］法国，《执行土木工程具体的方法》

（Méthodes spécifiques d'exécution du génie civil）；

［26］英国，《机械和一般工程用焊接圆钢管-交货技术条件——第一部分：合金和非合金钢管》

（Weided Circular Steel Tubes for Mechanical and General Engineering Purposes-Technical Delivery Conditions-Part 1：Non-alloy and Alloy Steel Tubes）；

［27］国际标准组织，《焊缝的无损检测—渗透检测—验收水平》

（Non-destructive testing of welds—Penetrant testing—Acceptance levels）；

［28］国际标准组织，《焊缝的无损检测—磁粉检测—验收等级》

（Non-destructive Testing of Welds Magnetic Particle Testing—Acceptance Levels）；

［29］美国，《公路桥梁标准规格》

（Building Code Requirements for Structural Concrete（ACI 318-08）and Commentary）。